A Study of
Japan's African Diplomacy
after World War II

第二次世界大战后
日本的非洲外交研究

王 盈 / 著

上海社会科学院出版社
SHANGHAI ACADEMY OF SOCIAL SCIENCES PRESS

前　　言

21世纪以来，尤其是在2008年国际金融危机的背景下，各大国围绕非洲的资源、市场以及对非洲事务的控制和主导权等展开了全方位争夺。作为始终致力于谋求国际地位的经济大国，日本在非洲的表现堪称活跃，并倡议召开了世界最大规模的有关非洲发展的国际性政策论坛——东京非洲发展国际论坛。在"入常"选票和国际责任的双重考量下，日本在非洲的经营力度不断加大。

通过对第二次世界大战结束后*日非关系发展脉络的深入考察发现，作为外交政策深受外部因素影响的国家，随着国际局势的演变，战后日本的对非外交经历了酝酿、形成、调整的变化过程。不同阶段有着不同诉求，但仍然存在着一些不变的基本行为模式。本书的中心问题即探讨日本对非洲外交的基本行为模式，并尝试以"国家身份"理论对其行为逻辑进行阐释。

战后日本非洲意识的酝酿与行为模式的形成是从多边国际会议开启的，旧金山和会、万隆会议、苏伊士运河危机会议、联合国会议等一系列国际会议为日本的非洲外交提供了舞台，而这些场合也充分体现了自视"名誉白人"的日本在非洲问题上的摇摆性和功利性。随着国内经济的腾飞，日本开始重视对外援助在日

---

*　本书后文"第二次世界大战结束后"简称为"战后"。

非关系中的重要作用,而援助也构成了日本对非关系的基本形式,而"名誉白人"的独特身份认同也使日本的对非援助不同于其对亚洲的援助,而更接近欧美国家。冷战时期,日本在非洲最重要的双边关系是和白人统治下的南非,而对日南关系的考察,充分体现了日本非洲外交的结构性困境。

本书认为,日本对于自己国家身份的定位深刻影响着其对外关系的利益诉求和行为模式。对于非洲这一历史关系淡薄、地理位置遥远的地区,日本对非外交的展开更仰仗于通过其国家身份来界定具体利益、选择推行方式。与中国不同,日本从未在亚非集团内部认识非洲,而始终透过欧美的视角理解非洲。日本以"白人集团"一员的身份自居,并以此为基础开展对非外交。由于自身并非完全的白人国家,日本的对非外交也具有与集团内其他成员不一致的地方。在集团内部日本并未被平等对待,随着国力的增长,日本试图借助对非外交提升自身地位。

本书在分析、总结国家身份对日本对非外交行为的具体影响模式后,对日本当前的国家身份定位进行了判断,并对未来日本对非外交的调整进行了展望。

目 录

绪论

.... （ 1 ）

第一节　问题缘起 .... （ 1 ）
第二节　文献综述 .... （ 3 ）
第三节　研究框架 .... （ 11 ）
第四节　研究方法 .... （ 16 ）
第五节　研究意义与创新点 .... （ 18 ）

第一章　战后日本对非外交的起点及其模式的雏形（1952—1973）

.... （ 20 ）

第一节　亚非会议与日本对非外交的起点 .... （ 20 ）
第二节　战后日本对非外交模式的雏形 .... （ 31 ）
小　　结　融入国际社会的诉求与国家身份认同的尴尬 ..... （ 59 ）

第二章　石油危机与日本对非外交的调整与发展（1973—1990）

.... （ 62 ）

第一节　第一次石油危机与日本外交路线的调整 .... （ 62 ）
第二节　资源诉求与对非外交的调整 .... （ 66 ）
第三节　世界经济危机与援非责任的形成 .... （ 74 ）
小　　结　世界经济危机下加强对非外交与分担集团责任 ... （102）

第三章 冷战后日本对非外交的新变化(1990—2005)
································· (104)

第一节 冷战后国际秩序的重建与日本外交的新诉求······ (104)

第二节 日本对非外交路线的调整················ (115)

小　结 "入常"诉求下对非外交的调整与"名誉白人"
　　　 身份的束缚······················ (150)

第四章 重建中的日本对非外交(2005至今)
································· (153)

第一节 "入常"遭挫与日本外交的再出发··········· (153)

第二节 政经双重诉求下对非外交的再调整··········· (159)

小　结 政经双重诉求与国家身份认同的重构·········· (184)

第五章 案例：冷战时期日本对南非的外交
································· (186)

第一节 回归国际社会诉求下对南非外交的开始与
　　　 发展·························· (186)

第二节 资源诉求下对南非外交的调整与加强·········· (190)

第三节 世界经济危机下对南非周边国家援助的增强······ (194)

第四节 欧美"敲打"下的对南非外交再调整·········· (197)

第五节 国家身份与日本对南非外交的困境··········· (202)

结语
································· (209)

参考文献
································· (214)

后记
································· (225)

绪　论

第一节　问题缘起

20世纪80年代末90年代初,随着冷战结束,非洲在美苏争霸时期所具有的政治和战略地位下降。自1995年以来,随着世界多极化趋势的发展以及非洲政治形势的逐步稳定、经济状况的逐年好转,以美国为首的西方国家开始重新估量和认识非洲的价值。尤其在2008年金融危机爆发之后,各大国围绕非洲的资源、市场以及对非洲事务的控制和主导权等展开了全方位争夺。不可否认,在全球化的今天,非洲的繁荣与稳定关系到全球的繁荣与稳定。

2013年3月,习近平就任中国国家主席后首次出访就选择了非洲,对坦桑尼亚、南非、刚果共和国进行国事访问。中国在2008年世界金融危机中应对妥当而表现出色,在2010年时GDP超过日本,跃居世界第二,中国的一举一动对世界局势的发展愈发重要。中国新一届中央领导集体产生后国家主席首次出访自然受到全球瞩目,被视为未来一段时间内中国外交走向的风向标。而习近平选择出访非洲,着实出人意料,令世界寻味。这是中国新任国家领导人第一次将非洲作为首次出访的目的地,显示了对非关系的高度重视。一时间,中非关系成了世界媒体追捧的热点,国内也掀起了一股对非洲研究的热潮。

也是在2013年6月的第一天,第5届东京非洲发展国际论坛（TICAD V）在邻国日本的港口城市横滨拉开帷幕。东京非洲发展国际论坛由日本政府主导，参与方包括非洲各国和援助非洲的各国政府、国际组织等，是世界最大规模的有关非洲发展的国际性政策论坛。而这一年，东京非洲发展国际论坛刚好走到了第20个年头，东道国竭力把会议办得隆重也是自然。于是，在2013年的上半年，非洲与亚洲的两个最大经济体之间的关系受到了全世界的关注。

非洲是中国外交的支点，也是大国战略交锋的场所。胡锦涛主席在其第二任期的2007年年初，自1月30日至2月10日对非洲8国进行了国事访问。而习近平主席在上任之初即开始非洲之行，足以显示中国对非洲的重视。然而，与硕果累累的中非关系研究相比，国内对英、德、日、苏联及俄罗斯对非战略的研究则相对较弱。事实上，冷战结束后除了长期坚持召开东京非洲发展国际论坛外，近几年来，日本在非洲问题上表现得相当活跃。当日本由于经济不景气大幅度削减ODA时，对非洲的援助不减反增。而在进入21世纪后，日本首相也一改既往的做法，开始前往非洲大陆进行访问。日本在《2012年版外交蓝皮书》指出，对于日本外交而言，非洲地区的重要性与日俱增。日本外务省在2013年3月发行的"TICAD V手册"中用到了"携手生气蓬勃的非洲"的标语口号，提出要同"生气蓬勃的非洲"构建互惠关系。更值得注意的是，自20世纪90年代起，日本就向非洲派遣自卫队参与联合国维和行动，而在近年更是通过打击索马里海盗、巡航亚丁湾实现了自卫队在海外驻军的长期化。驻军吉布提，更是突破了日本战后对外行动的天花板。

总之，日本在非洲的经营力度不断加大。那么，日本究竟意欲何求？日本媒体曾不约而同地指出日本对非外交的调整是"反应"式的，而对其产生了重大影响的，无疑是中国的对非行动。2012年，因时任东京都知事石原慎太郎导演的钓鱼岛购岛闹剧,中日关系逐渐滑向了低谷。年末,安倍晋三成功完成逆袭,卷土重来,再次登上了日本首相的宝座。而在2006年第一任期内被视为促成中日关系解冻的积极因素的安倍,更在年底选择了正式参拜靖国神社,中日关系就此跌入了冷战后的最低谷。日本对华外交的转变必然影响到其在非洲的动向。有鉴于中日关系的复杂性、中非关系的重要性,对于日本的非洲外交进行深入研究,无疑具有重要的现实意义和国际政治的理论价值。

第二节 文 献 综 述

冷战结束伊始,非洲在日本对外战略中并不占据特别重要的位置。但是,近来日本开始积极调整其非洲战略。因而日本在非洲的一系列活动,也引起了国内的关注。如张宏明主编的《非洲黄皮书》[1],就对日本的非洲政策有所涉及。在2011年出版的《中国非洲研究评论》中,还特别收入了外国学者所写的两篇文章:《缺乏战略性的日本外交与非洲》《日本的非洲史学》[2],以资比较。同年出版、由商务部研究院亚洲与非洲研究所编的《大国对非洲经贸战略研究》[3]一书中日本赫然在列,是其作为主要研究对象的6个世界大国之一。2011年,中国社会科学院成立了"大国非洲战略研究"课题,日本的非洲战略仍旧占据一席。由此足见,近年来国内学术界正在逐步重视对日本的非洲

---

[1] 张宏明.非洲黄皮书2012:非洲发展报告 No.14(2011—2012):新世纪中非合作关系的回顾与展望[M].北京:社会科学文献出版社,2012.
[2] 在重点侧重于中非关系研究的总计23篇文章中日本是唯一受到过两次关注的国家,具体参见:中国非洲研究评论(2011)[M].北京:北京大学出版社,2012.
[3] 顾学明.大国对非洲经贸战略研究[M].李光辉编.北京:中国商务出版社,2011.

外交的研究。除论文①之外,在对日本经济、国家战略研究的专著内也有章节涉及日本的对非外交。比如金熙德《日美基轴与经济外交——日本外交的转型》②、廉德瑰《"大国"日本与中日关系》中,皆有专门章节论及。但遗憾的是,至今国内还未见系统研究日本非洲外交方面的学术著作。

在日本国内则是另一番景象。除了大量学术论文以外,还有不少著作。比如小田英郎主编的《非洲与日本》③、石田洋子著《被非洲抛弃的日本》④等。此外,还有从2005年持续出版至2008年的《非洲政策市民白皮书》⑤,2013年日本外务省《外交》杂志特集《日本战略外交的死角:非洲》⑥等。而在国别、地区研究上,则有森川纯的《南非与日本——历史·结构·课题》⑦,川端正久、佐佐木建主编的《南部非洲:后种族隔离制度与日本》⑧等。

一、时间划分

对于日本非洲外交的时间划分,日本学者佐藤诚从ODA实

---

① 具体参见:曾强、余文胜.冷战后日本对非洲政策的调整变化[J].国际资料信息,2000(8):1-6;钟伟云.日本对非援助的战略图谋[J].西亚非洲,2001(6):14-19;吴波.日本对非洲官方发展援助战略[J].西亚非洲,2004(5):29-33;李安山.东京非洲发展国际会议与日本援助非洲政策[J].西亚非洲,2008(5):5-13.等。

② 金熙德.日美基轴与经济外交—日外交的转型[M].北京:中国社会科学出版,1998.

③ 川端正久他编.アフリカと日本 アフリカの21世紀第4卷[M].勁草書房,1994.

④ 石田洋子.アフリカに見捨てられる日本[M].創成社新書,2008.

⑤ 大林稔,石田洋子.アフリカ政策市民白書シリーズ[M].晃洋書房,2005—2008.

⑥ 外務省.日本戦略外交の死角—アフリカ[J].外交,2013.

⑦ 森川純.南アフリカと日本—関係の歴史・構造・課題[M].同文館出版株式会社,1988.

⑧ 川端正久,佐々木建編.南部アフリカ ポスト・アパルトヘイトと日本[M].勁草書房,1994.

施的角度对日本政府的对非外交所进行的时间划分,认为可以分为以下 5 个阶段①:

第一阶段:1954(科伦坡计划)—1972 年,追求短期经济利益;重点援助亚洲、对非援助政策缺失;

第二阶段:1973(第一次石油危机)—1980 年,扩大对非援助,维护经济安全因素增加;换取非洲在联合国对日本的支持;

第三阶段:1981(ODA 五年翻番计划)—1988 年,利用援非消化日本贸易顺差,援非与增加全球贡献度的考量;减贫和粮食安全计划考量;

第四阶段:1989(第一大援助国)—2000 年,成为非洲最大援助国;介入政治领域;召开 TICAD,争取主导权;

第五阶段:2001(美国是第一援助国)—2004 年,援助与维和相联系;发展伙伴关系;支持"非洲发展新伙伴计划(NEPAD)"和非盟(AU);

中国学者金熙德认为可分为②:

第一阶段:20 世纪 60 年代前的对非关系准备期;

第二阶段:20 世纪 60 年代在联合国外交中的对非关系;

第三阶段:20 世纪 70 年代能源外交中的对非关系;

第四阶段:20 世纪 70 年代之后政治外交中的对非关系;

第五阶段:冷战后的调整,目的是扩大在非洲的政治影响,在"入常"等方面争取非洲国家的支持。

日本学者森川纯则提出冷战时期日本对非洲的政策是一种"二元结构",即对以南非为代表的"白非洲"与之外的"黑非洲"国

---

① Makoto Sato, Japan's Aid Diplomacy in Africa: A Historical Analysis, *Ritsumeikan Annual Review of International Studies* [M]. 2005(4): 67 - 85.
② 金熙德.日美基轴与经济外交——日本外交的转型[M].北京:中国社会科学出版社,1998: 333 - 336.

家的外交,因此时间划分可以分为三个阶段①:

第一阶段:1951—1960年,二元外交的形成;

第二阶段:1960—1975年,二元外交的确立期;

第三阶段:1975—1989年,二元外交的动摇、解体期。

从以上划分可见,1973年第一次石油危机被普遍视为日本对非外交的一大转折点,而冷战结束的1989年则被视为另一转换点。日本著名学者田中明彦则认为,1993年TICAD会议之后,日本外交的中心并没有转向非洲;而进入21世纪之后,日本对非援助增加,标志着冷战后开始重视非洲②。石田洋子却认为,冷战后"非洲外交作为支撑日本外交大国化取向的手段,处于重新讨论、重新建构中"③。

进入21世纪后,日本的非洲政策确实出现了重要变化。至于具体的时间节点,有鉴于日本积极"入常"与其对非外交之间的关联,以及2006年日本《外交蓝皮书》中首次出现了"对非洲外交的理念与基本政策——为什么是非洲"——这样涉及日本政府冷战后对非外交进入理念层次的考量,所以本书认为,2005年可以作为冷战后日本对非外交的转折点。

二、研究角度

对于日本非洲外交的研究,一般有两种角度:

首先,认为在日本与非洲的外交关系中,ODA是支柱,所以"日本的对非政策=日本的对非援助政策"④,因而着重于研究日本对非援助政策的演变,尤其集中于对东京非洲发展国际会议的

---

① 森川純.日本のアフリカ外交―その構造・軌跡・課題[J].国際政治,2000(1):143-160.
② 田中明彦.アフリカ―日本外交にとっての課題.外交[J].外務省,2013:11.
③ 石田洋子.アフリカに見捨てられる日本[M].創成社新書,2008:80.
④ 石田洋子.アフリカに見捨てられる日本[M].創成社新書,2008:65.

研究。比如白如纯、吕耀东的《日本对非洲政策的演变与发展——以非洲发展国际会议为视点》①、周玉渊《从东南亚到非洲：日本对外援助的政治经济学》②、日本学者佐藤诚《日本的非洲援助外交》③、吉田荣作《非洲开发新课题——非洲发展会议与洞爷湖峰会》④、大林稔与石田洋子合著《非洲政策市民白皮书》系列等。

其次，综合性研究。比如森川纯的《日本的非洲外交——结构·轨迹·课题》、青木一能的《缺乏战略性的日本外交与非洲》⑤、远藤贡的《从反应到理念——对非外交》⑥，中国学者罗建波的《冷战后日本对非洲政策的调整变化》⑦等。这些研究，在援助政策之外，还涉及日本自卫队的海外派遣等涉及安全领域的内容。然而，就如上述《缺乏战略性的日本外交与非洲》《从反应到理念——对非外交》——标题所显示的，一般认为日本的对非外交缺乏理念和战略性。

经济外交一直是战后日本外交的主要方式，对非外交研究的维度因此缺失也无可厚非。由于21世纪之后非洲的"价值"上升，各国对非洲的关注度也随之提高。日本的对非外交除经济之外，也多有拓展。譬如根据《海盗对策法》，日本2009年在东非吉布提建

---

① 白如纯，吕耀东.日本对非洲政策的演变与发展——以非洲发展国际会议为视点[J].日本学刊，2008(5)：23-30.
② 周玉渊.从东南亚到非洲：日本对外援助的政治经济学[J].当代亚太，2010(3)：107-124.
③ Makoto Sato. Japan's Aid Diplomacy in Africa: A Historical Analysis, Ritsumeikan Annual Review of International Studies[M]. 2005(4).
④ 吉田栄一編.アフリカ開発援助の新課題—アフリカ開発会議と北海道洞爺湖サミット[M].アジア経済研究所，2008.
⑤ 青木一能.缺乏战略性的日本外交与非洲.中国非洲研究评论(2011)[M].北京：北京大学出版社，2012：225-237.
⑥ 波多野澄雄編.日本の外交第2巻外交史戦後編[M].岩波書店，2013.
⑦ 罗建波.冷战后日本对非洲政策的调整变化[J].国际观察，2003(1)：69-74.

立基地,并在 2011 年派驻自卫队。这是第二次世界大战后日本首次在海外建立基地并派驻自卫队。鉴于日本对非外交的现实,停留于经济援助层面的研究局限性越发明显,更需要涵盖经济、政治、安全等各方面的综合性研究,而本书即是这样的一次尝试。

三、日本的对非外交理念

被誉为日本非洲研究第一人的青木一能认为,"20 世纪 60 年代到第一次石油危机发生时,可以说日本政府对于非洲几乎没有政策上的考量",而石油危机后的援助外交,是"对紧急事态的一种应急处理";此后"日本政府不断重申重视对美关系、重视西方,并为此不惜任何代价履行国际责任等口号,其中一种尝试就是加大对第三世界各国的援助";进入 21 世纪后,日本外交的基本特性至今并没有改变,"仍是为应付突发问题而行动"[①]。

大林稔认为除了南非之外,日本与非洲各国的经济、政治关系相对稀薄,人员交流也不活跃。日本的非洲外交是在"受到外压(特别是美国)"以及"非洲的要求"下展开的。而且,首先注重的是与欧美的协调[②]。

佐藤诚在美国政治学者肯特·卡尔德的"反应型国家"概念基础上,试图为日本这种应激性的对非政策进行理论解释。佐藤认为日本冷战后的对非政策,"在支援对象国的考虑上是以海湾战争为背景,围绕向国际社会、特别是美国和欧洲各发达国家展示日本的国际贡献这一目的而展开的。通过三次 TICAD 的召开,主导非洲发展援助,可以看作不仅是向非洲各国,也是向各援助国展示日本的做法。也就是说,无论在哪种情况下,日本对于

---

① 青木一能.缺乏战略性的日本外交与非洲.中国非洲研究评论(2011)[M].北京:北京大学出版社,2012:225-237.
② 大林稔.アフリカの挑戦— NEPAD(アフリカ開発のための新パートナシップ)[M].昭和堂,2003:280-285.

非洲之外的第三国、第三地区的行为进行反应,继而采取在非洲的具体行动"。① 这里,佐藤提出了一个非常重要的概念:非洲以外的所谓"第三方"。

森川纯则有不同意见。他认为日本的非洲外交在冷战期间,由于反共战略、欧美协调、二元外交这种框架的存在,日本的可选项受到限制。对于日本外交当局而言,在非洲应该采取的是"阻止东方特别是苏联的进入,加大作为西方一员并不断做贡献的日本的存在"。日本对非外交有指导理念,即反共主义与经济扩张主义②。其实,从森川的观点同样可以推导出日本的"非洲外交中缺少非洲的影子"这一结论。

而对于日本对非外交的理念问题,望月克哉从日本对非洲的援助角度进行了分析。他认为,日本作为国际社会主要国家,"作为经济发达国家在人道上、国际团结上理所应当的责任,是加强对非洲区域的援助,对非洲国家走向自立与发展进行有效协助是必要的"③。"人道主义考虑"与"相互依存"这两个日本开展对外援助的基本理念中,日本对于非洲的援助显然出于前者。④ 而青木一能也提出日本的援助在于解决非洲贫困问题,日本是人道主义的"优等生",其对非洲的援助是基于"人道主义"理念。⑤

是否果真如此? 在第一届东京非洲发展国际会议举行前,当时《朝日新闻》就非常明确地指出,日本召开非洲发展国际会议,是为了成为常任理事国而需要获得非洲各国的支持,日本举办该

---

① 佐藤誠.日本のアフリカ援助外交.アフリカ経済論[M].ミネルウァ書房,2004:23.
② 森川純.日本のアフリカ外交—その構造・軌跡・課題[J].国際政治,2000(1):143-160.
③ 国際協力事業団.アフリカ援助研究会報告書[M].1991(2):2.
④ 望月克哉.日本のODAとアフリカ.アフリカと日本アフリカの21世紀第4巻[M].勁草書房,1994:204.
⑤ 青木一能.これがアフリカの全貌だ貧しい国が一転、豊かな国へ[M].かんき出版,2011:98.

会议的目的在于强调自己是"世界大国"。田中明彦认为,冷战后非洲更多被视作推进联合国外交的"大票田"①。石田洋子指出,"非洲外交作为支撑日本外交大国化取向的手段,处于重新讨论、重新建构中"②。在2012年日本的《外交蓝皮书》中,对于日本的非洲外交有如下表述:"1. 真挚地致力于解决非洲所面临的各种问题,是作为国际社会负责任的国家所应当承担的责任,同时也与获取国际社会的信赖相连。2. 非洲拥有丰富的天然资源、不断增加的人口,是具有经济持续高速增长的潜在巨大市场,因而应加强与非洲的经济关联。3. 在推进安理会改革、气候变动等问题的解决时,非洲各国的合作是不可或缺的。"显然,日本对非外交出于"人道主义"理念这一结论,并非无懈可击。

而中国学者态度比较统一,也比较透彻,认为:"日本对非洲的援助政策被认为,一是为了获得非洲资源以维持其作为经济大国的基础,二是争取非洲国家支持日本入常以成为政治大国,从而扩大其国际影响力"③;"东京非洲国际发展会议的根本目的,在于推销日本的对非援助理念与价值观,谋求能源安全保障与实现入常。"④

四、南非问题

非洲地区大国南非在冷战后才变成了"发展中国家",适用于日本的ODA。南非问题是日本对非外交难以仅用援助政策来解释的最明显例证。在1994年出版的《非洲与日本》中,小田英郎对日本非洲外交的考察,是从对实行种族隔离制度的南非进行经

---

① 田中明彦.アフリカ—日本外交にとっての課題.外交[M].外務省,2013:11.
② 石田洋子.アフリカに見捨てられる日本[M].創成社新書,2008:80.
③ 廉德瑰."大国"日本与中日关系[M].上海:上海世纪出版集团,2010:166.
④ 王平.日本对非政府开发援助述评:外交战略的视角[J].外交评论(外交学院学报),2012(6):124.

济制裁开始的。其从南非延伸到南非周边黑人国家,在考察了双方人员往来、经贸关系以及 ODA 的变化之后,认为"至少在非洲开始进入独立期的 20 世纪 50 年代后期开始,至 1970 年前半期为止,日本对于非洲的态度是消极的"。由于与南非的经贸关系,日本"立足于以民间为中心的经济主义,以权宜之策处理对非关系"。①

森川纯专门写了一本专著,研究从冷战前开始的日本与南非之间的关系,并提出冷战时期日本对非洲的外交是一种"二元外交"。也正是基于对"白非洲南非与黑非洲即肯尼亚、尼日利亚、坦桑尼亚、塞内加尔等"②的划分,青木一能在其研究中,将日本对南非的政策单列在外。

日本曾经是南非最大的贸易伙伴。与南非的关系是日本在非洲大陆至今为止最重要的一组双边关系。日本与南非的关系在受到"第三方"影响的同时,南非自身也成为"第三方"之一,直接影响着日本对其他非洲国家的外交。而冷战前后的南非自身又发生了翻天覆地的变化。将南非与南非之外的非洲分开考察,有助于更为清晰地看到冷战与冷战后日本对非洲外交的演变。

第三节 研究框架

从历史发展的角度来看,日本对非外交的形成不是孤立存在,也不是一成不变的,它往往随着日本国内外的形势而发生变化。受"对非洲以外第三者(欧美)的反应"以及"黑白非洲二元外交论"的启发,本书拟从"国家身份"的角度对日本的非洲外交进

---

① 小田英郎.日本のアフリカ政策-その一考察-アフリカと日本 アフリカの21世紀第 4 卷[M].勁草書房,1994:3.
② 森川純.日本のアフリカ外交-その構造・軌跡・課題[J].国際政治,2000(1): 143-160.

行全面、系统的研究。

国家作为具有人的社会特性的行为体,其行为并不可能永远出于"完全理性"。建构主义理论的出现为解释国家行为提供了另一种途径。在建构主义理论看来,国家是具有各种各样特定"身份"的行为体,卡赞斯坦所定义的认同/身份(identity)"指涉的是行为体所持有和表现的、通过和重要'他者'的关系而形成的(随时间推移而改变的)个性和独特性(自我身份)的形象"①。"身份"这一概念从社会空间上将自我与他者进行了区分。"身份"并非是单纯的自我认识,而是对照着"他者"存在。个体从他者的眼中获知自我的身份,身份存在于和他者的关系之中②。温特认为国家的自有身份由"内在和外在结构建构而成③,其中内在结构则同国家政权组织形式,亦即国家"政权类型"(regime types)或"国家形式"(forms of state)相关联。外在结构是指国家置身其中的一种国际间的政治文化环境,国际关系理论研究层面的文化是指社会建构的共有知识,即共有观念。通过构建共有观念或知识塑造国家这一国际社会行为体。而这种身份归属又是通过构建共有观念或知识所塑造的。

行为体通过彼此之间的"认同"(identification)过程,使自我—他者的界限模糊从而建构起"集体身份"(collective identity)或是某种"共同的'自群体身份'"(in-group identity),借以"重新界定自我和他者的界限"。简言之,国家身份建立在认同基础上,是一种归属意识,需要有一个归属集团。比如日本战后一直认为自己是和平国家,但并不存在和平国家这样一个集体,所以所谓的"和平

---

① 彼得·卡赞斯坦.国家安全的文化[M].北京:北京大学出版社,2008:53.
② 亚历山大·温特.国际政治的社会理论[M].上海:上海人民出版社,2008:285.
③ 亚历山大·温特.国际政治的社会理论[M].上海:上海人民出版社,2008:283.

国家"并非是身份,而是一种认识或者说规范。国家身份是需要同一集团中的国家彼此认可的,也就意味着集体内部的各国具有一种"同质性"。

当国家身份确立后,为了表现出这种"同质性",行为体就会主动地实施、遵守相应国际规范的政策和行为。国家身份某种程度上是国家判断国际形势和界定国家利益的决定性因素。而具有约束力的国际规范是国家间构建共有观念或知识的互动在经历一定阶段后固化而成的,所以通过参与建构过程,同样可以谋求国家利益。有的建构主义学者认为"国家利益的确定是各种不同的主观观念及偏爱之间相互斗争所产生的政治结果"[1]。国家利益是否只是主观观念的产物值得商榷,但是不可否认,主观观念确实影响着国家的行为。

当国家身份固定后,国家会根据身份来界定自己的利益。但是,在当下身份无法获取预期的收益时,国家也存在着改变自身身份的冲动。有建构主义学者承认物质上的收益如安全与福利,在导致身份变化过程中起到了重要作用[2]。国家身份本身是主观概念,并非固定不变,国家存在着根据自己的利益需要谨慎选择身份的可能。

关于国家身份对日本对非外交的影响,从战后历史来看,从旧金山和会到万隆会议再到联合国会议,日本与非洲的直接接触首先是在这样的多边国际会议上展开的。对于非洲的认识,是建立在第一届亚非会议,也就是万隆会议所带来的"亚・非集团"这一认识框架中的。日本作为亚洲的一员参与到此次会议中,并由此加入了联合国中的亚非集团。这就构成了一个基本构图:首先,日本与非洲同属"亚非集团";其次,日本对非洲的考量是建立

---

[1] 沃尔夫.权力与正义:国际关系学导论[M].北京:华夏出版社,1990:77.
[2] William Bloom. Personal Identity, National Identity and International Relations, New York: Cambridge University Press, 1990: 34.

在亚洲的延伸线上的,即"日本→亚洲→非洲"。

那么日本是否认可自己与非洲同属亚非集团?问题的关键在于日本是否认同自己属于"亚洲"。自明治维新以来日本就有种身份上的不安。地理上属于亚洲,却以欧美为模型引入国家形式,日本经常限于"西方还是东方"的归属不确定困境中。但日本事实上一直"居于亚洲却谋求欧美身份"[1]。而"亚洲主义",也即对亚洲的归属认同,"作为自幕末以来不断地对欧美追随的屈辱外交的对立面而一直存在",但"从没有成为政府的正式外交方针"[2]。因为明治维新之后,与其他亚洲国家不同,日本独自行走在迈向经济发达的"民主主义国家"道路上。更有日本学者指出,"'亚洲'的概念在第二次世界大战后成为比第二次世界大战前更加遥远的存在,日本是'既从战略上也在心理上脱亚'了"[3]。

战后日本外交的起点是"战后处理外交"。旧金山和约的生效意味着美国对日占领的"结束",与当时一同签订的日美安保条约一起,成为规定日本"独立"之后前进道路的重要"出发点"。对日本而言,回归国际社会,实质上是作为"亲美"国家回归"自由民主阵营"。按照吉田茂的说法,战后初期日本的经济、产业、社会"至少达到西洋水平",与之相对的"亚非各国人民生活水平低、产业经济还未发展,还没有离开后进国(落后国)的领域"[4]。因而对日本而言,亚洲是与自我不同的"他者"。从经济发展阶段而言,日本高于亚洲其他国家,日本与巴基斯坦、菲律宾等在"内在结构"上是不同的。而这个内在结构并非是政权类型,而是经济结构。

---

[1] 五百旗头真.战后日本外交史[M].有斐閣,2006:293.
[2] 山室信一.日本外交とアジア主義の交錯.年报政治学1998[M].岩波书店,1999:7.
[3] 天儿慧.亚洲的民族主义和区域主义[J].世界经济与政治,2008(6):22.
[4] 吉田茂.回想十年第一卷[M].中央公論社,1998:57.

绪　论

除了欧美的白人国家,亲美的自由主义阵营内并没有第二个日本那样的国家。让日本产生归属感意识的,是欧美所组成的集体,但日本只是"属于"欧美构成的集团,并未参与集团的建构。日本是后来者,是孤独的。因此,日本外交整体上所呈现的是这样一种构图:欧美→日本→亚洲。而在冷战时期,非洲大陆还存在着南非这样一个地区大国。虽然当地黑人占多数,但却实行少数白人的统治;经济上是西方世界一部分,同时也是美国盟友。所以,在冷战时期综合呈现的构图是:欧美/南非→日本→亚洲→非洲。

日本并不希望归属于东方的"亚洲",但又不能完全融入欧美。对于这种独特的身份,有一个名词可以做很好的概括:"名誉白人"。"名誉白人"并非是一个正式称呼,而是来自媒体报道。1986年9月19日的《纽约时报》上,登载着这样一篇报道:"南非政府认可日本的经济成绩,将日本人归类为名誉白人,允许其在南非社会拥有与白人同样的特权。"事实上,1961年南非议会正式认可了日本人"名誉白人"的地位,给予在南非的日本人法律上的特殊"照顾"。但是南非所授予日本的"名誉白人"地位,仅限于短期滞留南非者。根据南非的人口登录法,日本人仍被分在"其他亚洲人种"一栏中,不可以与其他人种恋爱、结婚,也即日本并没有达到真正的"白人"地位。

在建立近代民族国家的过程中,日本在明治维新后成为亚洲也是有色人种中唯一加入西方列强行列的国家。日本曾是国际联盟的创始国之一,面对白人以外国家所具有的自信心和优越感并没有随着第二次世界大战战败而消失。日本在战后奋力前进,通过经济上的成就再次被纳入欧美白人集团中,但仍被视为"异类"。甚至日本经济发展到世界第二位、远胜于大部分白人国家时,仍由于经济发展模式等被诟病,在集团内得不到与其经济实力相匹配的地位。日本并不希望永远处于这样一种不平等的状态中,试图让欧美认同日本的地位、建立起彼此平等的国家关系。那么日本如何去谋求这样的一种身份提升?其诉求又是否能得到目标群体的回应?而这一谋求在欧美集团内地位提升的行为又与日本的对非外交具有怎样的关联?

为解决以上问题,本书对整个战后的日本对非外交进行了考察。在时间的划分上,大致分为冷战时期与冷战后。冷战时期以石油危机前后为节点进行展开,而冷战后则以2005年日本争当安理会常任理事国失败为节点。无疑,多边机构中的日非关系,是帮助理解日本对非外交的一大线索。从旧金山和会到万隆会议,再到联合国内的一系列会议,日本与非洲的直接接触首先是在这样的多边国际会议上展开的。直到1974年日本外相才首访非洲,而在任首相则是要到冷战后的2001年才首次踏上了非洲大地。日本与非洲国家在冷战期间接触最多的国际场合是联合国,而冷战结束后所举行的东京非洲发展会议虽然本质上是一个双边机制,但由于其包括有世界银行、联合国,日本官方一直坚持这是一个多边机制。在双边关系中,日本对非洲大陆的外交中,冷战时期日本与南非的关系显得与众不同。而南非在冷战时期的属性是"白人"国家,这一双边关系将是本书重点考察的另一线索。鉴于经济援助这一方式在战后日本外交中的重要性,本书同样以此作为考察日本对非外交行为的切入点。

第四节 研 究 方 法

本书拟采取以下方法对日本的非洲外交进行研究:

第一,方法-目的分析法。该研究方法认为,每个国家的对外政策都有某种目的性。因此,该国的对外政策应该是在该国能力之内实现其外交目标最有效的方法。只要知道该国的外交目标就能判断其可能实行的政策;根据其实际采取的对外政策也可能分析其真正的外交目的[①]。日本实施对非援助等外交行为,在冷战时期或是为了承担其作为西方阵营一员的反共职责,或是为了确保资源稳定供应,或是为了应对对日本的贸易黑字的指责,或是为了实现政治大国化。冷战结束后,日本对非外交的主要目的一直比较固定,最核心的目的一直是借助非洲实现政治大国化。

第二,刺激-反应分析法。基本原理是一个国家的对外政策是对外部环境的变化的反应。政府为了维护本国的利益,就需要根据外部客观环境及他国对外政策的变化,对本国的对外政策做出相应的调整[②]。由于与旧金山和约同时生效的日美安保条约的存在,美国的全球战略深深束缚着日本的外交选择。加之日本是个资源小国,经济发展高度依赖战后的自由贸易体系,所以日本对外部环境异常敏感。根据外压调整外交方向也是公认的日本外交特色。对非洲这样一个地理上距离遥远、历史上关系淡薄的地区,日本的外交行为更加受到外部因素的影响。

第三,文献研究法。这是对文献进行查阅、分析、整理,从而找出事物本质属性的一种研究方法。近年来日本外务省对一些外交档案进行了公开,由于时间限制,公布的档案多集中于20世纪70年代之前。但对于厘清冷战时期尤其是被视为日非关系淡薄、学者研究涉及不多的20世纪五六十年代的非洲外交具有极大价值。本书所涉及的数据,来源于对外务省颁布的ODA大纲、《外交蓝皮书》、通产省所提供的贸易统计,以及世界银行、OECD的相关数据进行的整理和归纳。日本的两大报刊《读卖新闻》《朝日新闻》有关战后日本的报道,对了解日非之间在各个时期所发生的关联、当时日本人对于非洲的认识等,提供了极好的参考。而中日两国学者所做的研究,对于厘清日本对非外交的脉络提供

---

① 阎学通,孙学峰.国际关系研究实用方法[M].北京:人民出版社,2001:189.
② 阎学通,孙学峰.国际关系研究实用方法[M].北京:人民出版社,2001:193.

了巨大帮助。有鉴于本书以日本为主题进行研究,加之日语材料更为丰富,本书将尽量多的采用日语材料。

第五节 研究意义与创新点

日本作为西方国家一员,其对非外交本身就是西方大国与中国在非洲竞争的重要组成部分。不同于欧美国家,日本与非洲并没有历史恩怨,也不存在领土纠纷等直接利害冲突。作为当今世界第三大经济体,日本具有相当的经济实力帮助非洲发展,也有足够的利益动机去拉近与非洲的关系。一方面非洲的经济发展需要外来投资、需要贸易,日本对于致力于经济发展的非洲国家本身具有很大吸引力。另一方面,在一些国际政治议题中,非洲也与日本存在着共同利益,比如联合国安理会常任理事国扩容问题,虽然彼此存在着分歧,但在最终目的上是一致的,双方是有可能在该问题上取得一致的。在东京非洲发展国际论坛召开的20年来,双方关系发展良好,非洲在日本外交战略中地位逐步上升,日本重视非洲,并在总体上逐渐形成了对非外交的一定规划。日本在非洲具有的优势,是其他西方大国所不具有的。而日本与非洲外交的开展,与中国的国家利益之间并非没有直接冲突之处。非洲是中国外交的支柱,对日本的非洲外交进行研究,不仅是对战后日本外交研究的有益补充,也将有助于中国维护在非洲的权益、应对日趋激烈的挑战、进一步发展中非关系,无疑具有极其重要的现实意义。

试图以"国家身份"解释日本对非外交的行为逻辑,这是本书的最大创新点。迄今为止,对于日本对非外交的研究中,尚未有学者从"国家身份"的角度进行过探讨。在每一个时期,日本对非外交诉求不同,表现形式也自然不同,但其背后存在着某种共同逻辑。日本与非洲地区地理遥远、历史关系浅薄,所以本书认为日本在开展对非外交时,"国家身份"对于其界定自身利益、选择外交手段等具有比较大的影响。同时,日本又一直存在着一种特殊而尴尬的身份。这种尴尬的身份似乎可以验证"国家身份"这一理论是否具有足够的解释力度,也有可能为该理论的进一步发展提供启示。

第一章

战后日本对非外交的起点及其
模式的雏形(1952—1973)

1952年,当日本作为主权国家回归国际社会之时,非洲的民族解放运动正如火如荼。战后日本对非外交的起点在于何时?日本是怎样认识非洲的?又是在怎样的诉求下开展对非外交的?本章将对此进行考辨论述。

第一节 亚非会议与日本
对非外交的起点

关于战后日本对非外交的起点,有不同的划分方法,也存在着争议。

最早的时间,是将1951年9月在旧金山召开的对日和会视为战后日本对非外交的起点。虽然通过此次会议,日本与非洲大陆当时的4个独立国家南非联邦、埃及、利比里亚、埃塞俄比亚有了接触,并在《旧金山和约》生效后正式解除了敌对关系,但并没有真正展开彼此关系。

也有将非洲国家大量独立的1960年视为日本对非外交开端,但实际上20世纪50年代非洲已经存在着8个独立国家,非洲北部已经大致完成独立运动,1957年加纳的独立也拉开了撒哈拉以南非洲国家独立的序幕。因此,这一划分法也存在缺陷。

如果将1952年《旧金山和约》生效视为日本战后外交的起始

元年的话,那么1955年召开的第一届亚非会议,可以视为日本真正意义上的对非外交的起点。此次会议是日本在恢复主权后作为独立国家参加的第一个重大国际会议,也是日本真正接触非洲国家的开始。

战后初期的非洲,绝大部分地区仍处于西方列强的殖民统治之下。日本与非洲地区之间,在战后有着一定的贸易来往,但事实上主要与英国、葡萄牙以及南非这些或是殖民帝国或是白人国家的所谓"白非洲"之间有较多的联系。通过第一届亚非会议,日本接触到了"白非洲"之外的非洲国家、为实现民族独立而进行不懈努力的非洲民族解放组织等。那时,日本对战后的新非洲有了初步认识,而这一认识影响着此后日本对非外交的展开。

一、亚非会议前的国际格局与战后民族独立运动的兴起

1947年3月,杜鲁门主义出笼,标志着美国对苏联及其他社会主义国家进行"冷战"的开始。1949年7月,北大西洋公约组织成立,欧美军事合作由此得以实现。1949年1月,苏联与东欧5国成立了经济互助委员会,实现了同东欧国家的经济合作。1955年,苏联同东欧国家在华沙缔结了友好互助条约,并设立了统一的武装部队司令部和政治协商委员会。这样,20世纪50年代初,北约和华约两大军事集团在欧洲形成,标志着严重对立的两极格局的形成。

20世纪50年代也是冷战向全球扩展的时代。在亚洲,中国是一个具有重要战略地位的国家,美苏都极力想拉中国进入自己的营垒。而中华人民共和国宣布站在社会主义一边,实行"一边倒"的外交战略。美国在其"失去中国"后,加紧规划以挽回在亚洲争夺中的颓势,其中一大举措就是实施通过"扶植日本",对抗社会主义的中国之政策。

第二次世界大战后,世界形势还发生了另一大显著变化。由

于"二战"使得帝国主义体系被削弱,加上社会主义阵营的出现,为亚非拉民族解放运动创造了良好的条件。1947年英国失去了其在亚洲最大的殖民地——印度,随后巴基斯坦、叙利亚等国家也纷纷独立。而法国在越南的失败导致其不得不退出印度支那,帝国主义殖民体系在亚洲摇摇欲坠。20世纪50年代初,民族独立浪潮已经从亚洲蔓延到了非洲。这一时期非洲独立运动的重心在北非,利比亚取得独立、苏丹成立自治政府。亚非这些新独立国家,作为一支重要的国际政治力量,逐步登上世界政治的舞台。

第二次世界大战后一段时期,美国仍在延续其反殖民主义传统。1949年美国国务卿艾奇逊明确表示:"美国支持那些逐步向联合国宪章所规定的自治或独立目标前进的人民的民族主义意愿……我们政府的政策,是支持一切以自己行动表明他们值得、并已准备享受自由的人们来获得自由。"[1]但是,随着东西方两大阵营逐渐形成,美国不得不更重视与西欧盟国的关系,不再积极地倡导殖民地的独立。艾森豪威尔入主白宫后,延续了杜鲁门政府的态度,将第三世界的民族主义看作一种对美国及西方阵营极其不利的力量,认为"国家的独立绝非解决亚洲与非洲复杂问题的一剂灵丹妙药"[2],实质上与亚非兴起的民族主义站到了对立面。

与之相反,1953年,在斯大林逝世后,苏联转换路线,尝试利用第三世界的民族独立运动扩张自身势力。1953年夏,苏联主动放弃了对土耳其的领土要求,并主动向伊朗提出解决边界、财政等问题。除了与蒙古、土耳其、朝鲜等国家签订经济合作协议

---

[1] 美国国务院公报第21卷,第535期.转引自刘青.美国对亚洲不结盟国家态度与政策的变化,1953—1963[J].美国研究,2008(1):7.

[2] The Speech of the Assistant Secretary of State (Byroade) for Near East, South Asia and Africa Affairs, October 31, 1953, FRUS, 1952 - 1954, Vol XI, Part One, Washington, DC: US Government Printing Office, 1983: 57.

外，1954年苏联与阿富汗、1955年与印度也签订了协定。苏联主动接近第三世界国家，并对于中立主义表示支持。而美国对中立主义持批判态度，国务卿杜勒斯认为"冷战是事关善恶的道德战争，所以中立主义是颓废的，是不道德且近视的"。因而，美国加紧建立军事同盟来遏制苏联。

1954年9月，美国主导成立了东南亚条约组织，但该组织遭到区域大国印度的抵制。在中东，美国试图成立的中东防御体系也遭到了埃及的抵制。亚非新独立的民族主义国家中，不乏不愿卷入美苏冷战之中，因而推行中立主义的国家。

亚非会议前，日本刚刚恢复独立不久。对于当时的日本而言，最重要的外交课题是回归国际社会、参与国际事务。一方面日本努力恢复与各国的邦交，另一方面则积极争取，加入各个国际组织。不言而喻，加入各种国际组织意味着日本作为独立国家得到认可。同时，对于资源匮乏的日本而言，成为国际社会的一员，还意味着可以通过战后的国际经济体系，实现"贸易立国"的发展目标。

1952年，日本加入国际货币基金组织；1955年，加入关税与贸易总协定。然而，日本却迟迟无法加入联合国这一战后最重要的国际组织。日本尤其重视加入联合国一事是因为，在旧金山和约的签约国中，不包括社会主义阵营国家，而要求日本进行赔偿的一些国家也没有批准该和约，也就意味着日本独立国家的身份并没有在国际社会中得到广泛认可。因此日本认为："加入联合国，意味着完全回归国际社会得到了国际认可，这一点对于被指责为侵略、好战的我国而言，意味着和平志向、国际协调这一战后我国的旗号终于得到了国际社会的正式认可。"[①]

---

① 外務省戦後外交史研究会.日本外交30年—戦後の軌跡と展望[M].世界の動き社，1982：11.

但是,在东西对立的冷战框架下,日美安保条约的存在,突出了日本是西方阵营重要成员的不争事实。因此,其加入联合国的诉求,必然会遭到社会主义阵营国家,特别是拥有一票否决权的联合国常任理事国家苏联的反对。所以,日本在加入联合国的道路上,也遭遇了重重困难。

二、亚非会议的召开与非洲意识的酝酿

美苏之间日益加剧的冷战对峙局势,严重威胁着亚非国家的独立与安全。新独立的亚非各国意识到国家建设的成果,会被有可能爆发的战争毁于一旦,有必要加强国际合作,协调彼此立场,避免被卷入冷战之中。1954年12月底,缅甸、锡兰(今斯里兰卡)、印度、印度尼西亚和巴基斯坦5国总理在印度尼西亚茂物举行会议,研究召开亚非会议事宜。由于巴基斯坦的极力主张,日本被列入了万隆会议的受邀名单之中。

1954年12月29日,决定召开万隆会议的茂物会议决议在茂物当地发表。第二天一早,日本各大报纸都对此进行了报道。对于参与万隆会议,日本国内舆论高涨,认为这是回归亚洲的绝好机会。当时日本社会正处于反美浪潮之中,而"反美爱国"常常"与亚洲的合作"结合在一起。但是对于当时的日本政府而言,不得不考虑的问题是,参加这一会议是否会招致美国的不快。外务省对此态度谨慎。在得到正式邀请之后,日本政府立刻向驻日美国大使馆报告,就是否出席万隆会议,希望与美国保持密切沟通;同时,亦表明虽与中华人民共和国同时受到邀请,但日本无意利用这一机会接近中国。驻日美国大使馆在该报告上加了如下批注:"应注意到该报告是对鸠山内阁重光外相所阐述的——与中国的关系接受美国的建议——这一声明的首次实践"[1],然后送交

---

① Tokyo Telegram 1544, 1954-12-30, Lot File, 58-D-118.

第一章 战后日本对非外交的起点及其模式的雏形(1952—1973)

美国国务院。

1954年12月31日,杜勒斯在记者招待会上表示"美国并非亚洲一员,也未被会议所邀请,所以这一问题与美国没有直接关系"。事实上,美国也担心由于会议邀请了中华人民共和国,从而使会议成为亚洲各国共同反美的发泄场所,进而导致亚洲社会主义国家与非社会主义国家之间团结的加强,从而使欧美各国与之裂痕加深,进而出现"亚洲人的亚洲"[①]。然而,美国也没有阻止会议召开的任何有效措施,所以对于日本是否应该参加亚非会议,美国一度态度暧昧。

1955年年初开始,日本外务省和驻日美国大使埃里森等,向华盛顿报告了就日本参加该会议、同时承担反共职责所达成的共识[②]。1955年1月25日,美国做出了最终决定,所有驻外使馆接到指令,称"1. 应由各国决定是否参加万隆会议;2. 如果参加,希望选送最好的代表;3. 各国应充分留心共产主义国家将会利用这一会议;4. 如果非共产主义国家开展有效合作,就可在会议上挫败共产主义阵营的图谋,取得建设性结果"[③]。随后,日本正式表示接受邀请,参加万隆会议。而在万隆会议召开前,设计日本在该会议上基本方针的亚洲局第一课课长小泽,就以一周一次的频率与美国大使馆负责政务的外交官会面并交换信息[④]。对于万隆会议,日本外务省的方针是,即便是亚洲政策,仍需优先考虑与美国统一步调,日本应该以符合对美协调的形式来实现"回归亚洲"[⑤]。

---

① Progress Report on NSC 5409, Feb 23, 1955, DDEL.
② 宫城大藏.バンドン会議と日本のアジア復帰 アメリカとアジアの狭間で[M].株会社草思社,2001:86.
③ Memorandum of Coversation, Department of State File, Afro-Asian Conference, 1955-01-10, FRUS, 1955-1957, Vol.21, p.23.
④ George Morgan, Counselor of Embassy in Japan to Richard Finn, Officer in Charge, Japan Affairs, Department of State, May 11, 1955, Lot File, 58-D-118.
⑤ 宫城大藏.バンドン会議と日本のアジア復帰 アメリカとアジアの狭間で[M].株会社草思社,2001:86.

代表日本参加万隆会议的高崎达之助,在回忆万隆会议时曾说道:"由于'台湾当局'、韩国政府未收到邀请,万隆会议主要是由共产主义色彩强烈的各国组成。因此自然预料到了会出现以共产阵营各国的主义、主张为基础的决议。但是日本是以美国等民主主义国家为背景而出席的,如若处理不善,很容易陷入孤立之中。但因此就与共产阵营同步的话,与美国等的外交关系又可能出现裂痕。日本处于这样微妙的立场。而我的想法是尽量不要深入涉及政治问题,将问题局限于经济关系来进行沟通。"①

在会议召开前,巴基斯坦之所以极力主张日本的与会,是为了"通过日本的参加,防止会议被导向一边"②。因为1954年5月巴基斯坦与美国签署了互相防御条约,并加入了东南亚条约组织,是当时参加茂物会议的5国中唯一的美国盟友。万隆会议排除"台湾当局"和韩国,却招待中华人民共和国,显得具有很强的反美色彩。由于与印度的关系,巴基斯坦希望通过日本的参与,作为自由主义阵营的反共代表,来减少坚持中立的印度、中华人民共和国在新生国家以及正在努力争取独立的国家中的影响。除了日本,巴基斯坦也积极开展工作,说服同是"自由主义阵营"的土耳其参加。但此时的日本仍处于经济恢复时期,与亚洲国家的战后处理也未了结,而在申请加入联合国的过程中又几次被苏联以否决权拒之门外,在会议上显示积极的反对共产主义的姿态,并不符合日本当时的利益。

在决定邀请日本后,茂物会议各国呼吁日本积极参与会议议程。印度更是表示,"工业国日本会成为亚非会议理所应当的领导者"③,

---

① 高崎達之助集刊行委員会編.高崎達之助集・下[M].東洋製缶,1965:139.
② 外務省アジア局第一課.1955.アジア・アフリカ会議に関する資料(一一).外務省外交記録文書,B'0049.
③ 大隈在シカゴ総領事から重光外相.1955.アジア・アフリカ会議に関する駐米インド大使の談話に関する件、1955年3月12日,外務省外交記録文書、B'0050.

说明日本被期待作为"经济发达"国家来领导亚非会议。然而,出席万隆会议的日本政府首席代表既不是首相,也不是外相,而是经济审议厅厅长高崎达之助。印度对此评论道:"高崎代表的演说并没有什么积极的内容,这一演说给予我们的印象是,日本由于与美国的关系,对于万隆会议,明显并不积极也不重视。鸠山首相、重光外相都没有出席,就反映了这一情况。"①在万隆会议上,日本强调与亚洲各国的经济合作,是希望借此来回避探讨政治问题。而在涉及其他国家所提出的各项政治议题时,日本也"只发挥了观察员的作用"②。

日本的消极不仅让亚非国家失望,也让美国不满。会议上亲美的土耳其、巴基斯坦、利比里亚等9国提出了针对苏联的"纠正包含诉诸暴力、渗透、颠覆等手段的各种形态的殖民主义"提案,日本只是发表了支持该提案的发言而已。对于印度所提出的将大规模杀伤性武器与裁军分离,避开联合国框架进行讨论等,日本也只是向对此持有异议的巴基斯坦、土耳其表示支持③。

万隆会议结束后,美国国务卿杜勒斯会见了在会议上采取追随美国立场的各国大使,并表达感谢。然而其中却没有日本。据说是因为在会议中日本的态度并没有达到需要国务卿表示感谢的"积极"程度。④

参与万隆会议的有分属于两个不同阵营的国家,也有提倡中立路线的国家。会议之所以能跨越意识形态、政治制度分歧得以成功举行,是源于会议主导国家反帝反殖民主义的共同诉求。在

---

① 每日新聞,1955-04-20(夕刊).
② 西ドイツ.フランクフルター・アルゲマイネ紙[N].朝日新聞,1955-04-26(夕刊).
③ 外務省.1955.アジア・アフリカ会議経過白書.1955年5月5日.外務省外交記録文書.B'0049.
④ Sebald to the Under Secretary, Comment to Ambassador Iguchire Asian-African Conference, May 2, 1955, Lot File, 58-D-118.

万隆会议最后的公报中"特别谴责种族主义",宣布殖民主义是"应当迅速予以根除的祸害",支持殖民地人民追求自由和独立的事业。而此时的日本,还没有意识到正在形成的第三世界的政治价值,却首先感受到了自身与万隆会议的格格不入。

有记者这样描写道:"万隆会议使日本人感觉到热血沸腾,一方面他们有一种冲动,想大喊'我们也是亚洲人,亚洲的人们,我们和你们一起前进。中国人哦,我们必须重新建构与中国人的关系';另一方面,来到万隆的日本人,又发觉有千丝万缕的联系将日本与欧美联结在一起。那并不仅仅是因为日本与美国的军事同盟,更是源自日本与欧美各国属于同样的经济圈——这一更为永久、更加深层次的事实。"①

众所周知,由于与《旧金山和约》同时缔结并生效的《日美安保条约》的存在,日本当然是西方世界的一员。同时,日本虽然在地理上属于亚洲,但是在政治、经济结构上与欧美近似,而与万隆会议的其他国家有着很大的不同。早在万隆会议之前,吉田茂就提出了:"我们日本除去被占领的时期,自古就是独立国家,因此独立才是(我国之)本来姿态、是常态。这一点上,应与之前所说的那些国家分清楚。事实上今天的日本,在国内政治、经济、产业、社会状况等方面,与其说是亚洲性的,不如说是与西欧所类似的。"②

万隆会议事实上印证了吉田茂对日本国家身份的判定。与日本相似的,并不是亚洲的邻居们,所以日本在万隆会上"看上去就像是谁也不认识、也不被任何人认识的陌生客人"③。

万隆会议同时也反映出非洲国家对于日本的误解。争取民族独立的非洲各国很大程度上将反帝反殖民等同于反白人反人

---

① ロベール・ギラン記者 ル・モンド特約[N].朝日新聞,1955-05-02(朝刊).
② 吉田茂.回想十年第一巻[M].中央公論社,1998:35-39.
③ ロベール・ギラン記者 ル・モンド特約[N].朝日新聞,1955-05-02(朝刊).

种歧视,当时并没有充分认识到黄色皮肤的日本实际上也曾是万隆会议所反对的帝国主义国家、殖民国家之一。战败使得日本失去了原来的殖民地,但美军占领的 7 年时期并不能改变日本的国家属性。它确确实实是一个"类白人国家"。而在会场的低调行事,又将日本的这种属性进一步隐藏在了"中立"的表象之后。非洲所理解的万隆会议是深受殖民主义迫害的反抗者集会,是可以帮助自己实现政治要求的舞台。参加万隆会议的 29 个国家中,非洲独立国家只有 6 国,非洲大地的绝大多数地区当时尚未获得独立。

非洲各地的民族主义政党和组织——阿尔及利亚民族解放阵线、突尼斯新宪政党、摩洛哥独立党、南非非洲人国民大会和南非印度人大会,均是以观察员的身份参加的大会。在万隆会议期间,阿尔及利亚、突尼斯、摩洛哥组成的北非代表团举行记者招待会,明确表示要求消灭任何地方的殖民主义,并希望万隆会议支持"结束北非的殖民主义"。南非非洲人国民大会和南非印度人大会发表书面声明,要求南非白人当局放弃不公平的种族隔离、种族歧视政策。对于非洲国家而言,参加此次会议的日本也应该是"反帝反殖民地"的伙伴,而且日本是唯一实现了工业化的有色人种国家,是非洲国家未来自主进行国家建设的榜样。于是,非洲在无意识中形成了对日本的不合实际的过高期待。

日本接触非洲,是在亚非集团这一框架内开始的,对亚非集团的政策很长时期内也就是对非洲的政策。而就亚非集团内部排序而言,非洲排在亚洲之后。一方面是出于地理位置的远近因素,另一方面从参与万隆会议的国家数量、实力对比来看,当时的非洲也确实没有什么足以引起日本重视的资本。非洲获得独立或者名义上独立的国家甚少,在与会的 29 个国家和地区中,只有埃及、埃塞俄比亚、黄金海岸(现加纳)、利比里亚、利比亚和苏丹(当时为苏丹自治政府)6 个非洲国家。如果将北非国家划入阿拉伯国家内,则参加会议的阿拉伯国家有11国,而撒哈拉以南非洲国家只有3国,所以"亚非会议"更像是一场"亚洲·阿拉伯会议"。无论如何,当时亚非集团的重心是亚洲,非洲就像是个附赠品。所以在制定对亚非集团的政策时,日本首先偏向亚洲也是自然。对于非洲的考量,被放置在对亚洲认识的延长线上。而本质上"亚洲"又并非是日本真正的归属,不存在完整意义上的作为"亚洲一员"的日本,就更谈不上作为"亚非一员"的日本。

出席万隆会议给日本带来的好处,首先体现在政治上。1955年联合国十周年大会上,日本被打包在加拿大所提出的18国加盟方案里,似乎可以越过苏联这一关。但由于台湾当局不同意蒙古加入而行使否决权,使得18国加盟方案功亏一篑,于是日本再次入联失败。

这时,日本外交当局意识到加入联合国实际上"是日美关系问题……有关联合国的想法,我国与美国不得不一致"①。日本认识到由于美国的原因,日本有可能无法加入联合国。而对于迫切希望加入联合国、得到最广泛认可的日本而言,必须转换思路,调整过渡依靠美国的方针来实现加入联合国这一目标。1956年6月6日,在土耳其的提议下,联合国内部的亚非集团一致决定邀请日本参加该集团。对于这一由23个国家构成的非正式组织的决议,日本国内舆论认为"作为还没有加入联合国、被孤立于国际社会的日本,在对此决定感到莫大喜悦的同时,必须深深感谢亚非各国的好意"。②

之前,在联合国大会上,亚非集团强烈要求讨论阿尔及利亚问题,导致法国一度从联合国撤回代表。这被视为亚非集团在联合国讨论各问题时,可以发挥极其重要作用的一大例证。有意见

---

① 国際協力局一課.我が国国連加盟の方策に関する件.1955年5月8日.外務省記録マイクロフィルムB'0040.
② 社説.AAグループと日本[N].読売新聞,1956-06-14(朝刊).

认为日本之所以在加入联合国一事上屡屡失败,是因为没有有力团体支持日本的加入。在加入亚非集团后,日本要加入联合国就会极有希望。根据这个决定,加濑俊一大使得以出席6月12日举行的讨论阿尔及利亚问题的联合国大会相关会议。

此外,由于鸠山一郎首相的努力,日苏实现了邦交正常化,日本扫清了加入联合国的最大障碍,在1956年12月18日终于实现了加入联合国的愿望。在1957年的联合国大会,由于得到了亚非集团和西方阵营的支持,日本作为新加入国首次当选安理会非常任理事国。由此,日本实实在在地意识到了亚非集团在联合国的能量,这也顺理成章地成为日本战后正式对非外交的肇因。

第二节　战后日本对非外交模式的雏形

在苏伊士运河危机中日本的表现,可以视为战后日本开展对非外交的最初模式。而这一模式,此后在联合国内也有所体现。

一、苏伊士运河危机中日本的"暧昧"表现

1956年8月3日,驻日英国公使向日本外务省递交正式邀请,希望日本作为运河航行主要关心国参加对苏伊士运河实施"国际管制"的会议[①]。8月9日,日本正式回复英国,表示接受邀请。可以说这是日本"时隔多年再次参加在欧洲举行的重要国际会议",或者说这是战后日本首次以独立国家身份参与在欧洲举行的重要国际会议。不同于万隆会议,这次会议东西两大阵营的领袖国家悉数登场,给予当时还未加入联合国的日本一次提前体

---

① 日本へ正式招待状.スエズ問題国際会議[N].読売新聞,1956-08-04(夕刊).

验联合国内对立状态的机会。而"人们试图从日本在该会议中的动向中,对未来加入联合国后的日本外交活动方式一窥究竟"①,可见当时的国际社会对于日本的表现也是比较期待的。

在出发参加会议前,原定的日方代表——运输大臣吉野在接受采访时表示:"作为日本,只要能确保苏伊士运河的自由通航即可。但由于这次会议讨论的是英法美等欧美国家与以埃及为首的亚非各国所对立的政治问题,所以日本的立场是微妙的"②,直接表明了日本此时的困境。

日本参加这次会议是出于对自身经济利益的现实考量。对于日本而言,谁握有苏伊士运河的主权并不重要,只要能确保日本的船只可以自由航行就行。而且在苏伊士运河问题上,最根本的对立双方,是英法两国与埃及。对于当时的日本而言,与双方的关系都比较疏远。一方面日本存在着根深蒂固的"非洲属于西欧势力范围"这一传统认识;另一方面日本希望实现加入联合国的夙愿,而英法是联合国安理会常任理事国,拥有一票否决权;同时日本又想依靠世界舆论,特别是通过联合国中亚非集团的支持来达成入联,况且埃及还是亚非集团的领袖国家。双方都是日本不能轻易得罪的,因此日本对这一会议并不积极。一开始日本定下的代表是运输大臣吉野,足见当时日本政府的基本方针是只谈经济不谈政治。而外相重光葵的出席,也是因为当时的日苏谈判陷入了僵局。苏联照会日本,决定派遣与日本谈判的外交部部长塞比罗夫参加苏伊士会议,等于是给日本设下了是否接受苏联方案的期限。日本政府认为可以冷却一下由于领土问题走进死胡

---

① どっちつかずの重光演説　真意つかめず　首ひね各国代表[N].読売新聞,1956-08-18(夕刊).
② "日本の立場は微妙"　スエズ会議へ　吉野代表ら今暁出発[N].朝日新聞,1956-08-14(朝刊).

第一章　战后日本对非外交的起点及其
模式的雏形(1952—1973)

同的日苏谈判，于是决定派遣重光前往英国参会①。但是，由于美国站在了英法一边，注定了日本在会议上的选择不可能与美国相悖。

会议第二天，外相重光葵作为日方代表，对日本政府意见的阐述备受关注。重光称："作为曾经仅次于英国、现在仍占据世界第十三位的海运国，日本与英美一样对于确保自由航行有极大关心；而作为万隆集团一员，对于亚洲阿拉伯的民族主义具有深刻的共鸣"；"过去的一切冲突，皆源于东洋与西洋间的理解不足。唯有东西之间人心与人心的合作，才可防止不幸。而苏伊士运河在某种意义上，曾是这一合作的象征"，所以，苏伊士运河问题应该"以符合联合国宪章的和平方式解决"。重光葵发言中清晰可见的是：日本在经济利益上与英美是密切相关的，但日本又是"亚非集团一员"，在双方产生矛盾时，日本事实上无法提供具体的方案解决这种"理解不足"。所谓的"东西之间人与人心的合作"，这种"暧昧的话语让与会各方无法捕捉到日本的真正意图"②。

在冷战这一大环境下，亚非国家事实上无法在东西分裂的世界中保持真正的中立。如同万隆会议一般，与会的第三世界国家也一分为二，形成印度、锡兰、印度尼西亚对巴基斯坦、伊朗、埃塞俄比亚这样的"中立派"对"亲西方派"的格局。印度与巴基斯坦各自提交了代表不同立场的方案，代表"中立"态度、更倾向埃及的印度方案获得了苏联的支持。而巴基斯坦的方案，事实上是对美国所提出方案进行的修改案。当会议最终进入对解决方案进行投票的实质性环节时，重光葵在发言中表明赞成印度所提出的方案，最终的实际行动却是给巴基斯坦所提交的方案投了一票。

---

　　① 重光全権を派遣　スエズ問題国際会議へ　冷却期間を置く[N].朝日新闻,1956-08-12(夕刊).
　　② どっちつかずの重光演説　真意つかめず　首ひね各国代表[N].読売新闻,1956-08-18(夕刊).

1955年万隆会议召开前,重光葵曾明确表示:"今后日本外交的基调在于,将与民主国家,尤其是与美英的关系置于强固的基础之上。在这之上也可设定第二阶段与亚洲各国的亲善关系,第三阶段与共产主义各国关系也可以改善。"①一边是英法美三国,一边是埃及,对于日本而言,孰轻孰重,不言自明。

第二次世界大战前,埃及是日本在非洲最大的贸易伙伴,战后对日本的态度也比较友善。在缔结旧金山和约之前,埃及表示反对该条约草案的第6条,也即通过缔结双边安保协定赋予他国军队驻军日本国内的权力。埃及认为自身所面对的困难之原因在于,与英国所缔结的同盟条约,使得英国拥有了苏伊士运河区的驻军权。基于自身惨痛经历,埃及主张日本不应如自己般缔结将来会后悔的协议②。1956年7月26日,埃及政府宣布将英法控制下的苏伊士运河公司收归国有,公司全部财产移交埃及。7月31日,埃及驻日大使奥斯曼·艾贝特特意拜访外务省外务次官门胁,寻求日本对埃及实施苏伊士运河管理权国有化的认可。而外务省的回应则是,与利益相关国家进行联系后再正式表态③。

在苏伊士会议前,埃及对于日本仍抱有一定的希望。据报道,在会议期间,日本因顾及西方阵营,对于亚洲、中东集团提出的进行台下协商的邀约,几乎没做考虑,因而招致该团体的冷眼相看④。而对于会议的最终结果,作为旁听方出席的埃及等中东各国相当失望。日本政府之后也意识到了问题所在,会议后政府内部进行讨论,再次确认了苏伊士运河问题对于推进日本外交具有极其重要的意义,因而对于解决苏伊士运河危机的最后方案,

---

① 每日新闻,1955-01-07(夕刊).
② エジプトも反対 日本駐兵[N].読売新聞,1951-08-10(夕刊).
③ 日本の了解を求む スエズ国有化 エジプト大使[N].読売新聞,1956-08-02(朝刊).
④ 日本は態度保留 利用国団体で 西代表へ訓令[N].朝日新聞,1956-09-22(日刊).

第一章 战后日本对非外交的起点及其模式的雏形(1952—1973)

日本将"更加重视亚洲、中近东各国,修正偏向西欧的意向"①。9月19日,美、英、法召集18国再次在伦敦举行会议,在讨论建立"苏伊士运河利用协会"问题时,日本对于英美提出的设立利用协会方案采取了"保留态度"。

1956年9月30日,英法将苏伊士运河问题提交联合国安理会讨论。10月13日,安理会否决了英、法要求埃及接受"国际管理"制度的提案。10月29日,英法联合以色列对埃及发动军事行动。在联合国安理会上,英法以否决权否决了美国要求其停止武力进攻的提案,使得联合国首次根据联合国宪章中"团结促进和平"条款,召开了紧急特别会议,决定设置应急部队,并要求英、法、以三国撤军。11月6日,在强大的国际压力下,英法终于同意停战。

苏伊士运河危机以这样的方式收场,坚定了日本继续为加入联合国奋斗的信心。执政的自民党将之视为"联合国的权威受到尊重",提出"尤其应重视这一点,未来我国也应为加入联合国倾注最大努力"②。外务省认为"这次英法在中东的军事行动,似乎从一开始就是蛮不讲理的,受到联合国以及世界舆论的谴责,结果不得不同意联合国的停战方案"③,进一步奠定了争取国际舆论支持日本加入联合国的方针和策略。

正是联合国内中小国家的团结,使得大国对立下的联合国成功发挥出了维护和平的作用。自民党外交调查会开始讨论与亚洲、阿拉伯各国的外交政策,党内更有一部分声音认为应该重新

---

① 日本は態度保留 利用国団体で 西代表へ訓令[N].朝日新闻,1956-09-22(日刊).
② 国連の権威を重視 自民党 日本の加盟も促進[N].朝日新闻,1956-11-07(日刊).
③ 世界の批判に屈す 外務省の見解 英仏側の黒星[N].朝日新闻,1956-11-07(日刊).

讨论保守党整体外交政策。因为"通过这次苏伊士运河危机,亚洲、阿拉伯各国的民族意识高涨,可以预见今后在世界政治中也会发挥重要的作用"①。但亚非集团在这一时期被视作亚洲与阿拉伯国家的集团,非洲被简单地割裂开来。日本并没有意识到位于北非的埃及所取得的这一政治上的胜利,以及英法的退败对于非洲其他地区的深远影响。对于战后兴起的民族独立运动,从某种意义上而言,日本的认知是滞后的,并具有很大的局限性。

乍看上去日本在苏伊士运河问题上的态度是中立的,"只要能确保苏伊士运河的自由通航即可",但事实上选择的天平一开始就是偏向西方的。即使是一开始定下的代表,职位也是相当于交通部部长的运输大臣,与前往万隆的经济审议厅厅长相比,规格高了许多。由于亚非国家中同样存在着亲美的原殖民地国家,日本在亚非集团中的突兀感再次被稀释。而且当时日本仍未实现加入联合国的目标,仍旧需要延续其在万隆会议上的低调策略,使用模糊的话语,不做方案提议国,以尽量弱化亲西欧的立场。当此后来自亚非集团的压力加大时,日本尽量回避明确选择,以"保留意见"的方式,希望能够两边都不得罪。而事实上这也是日本此后在亚非集团内部相当长一段时期内的行为模式。甚至在加入联合国之后,日本对亚非国家的外交,仍维持着这样的模式。

在1957年的一份日本官方文件中有这样一段阐述:"日本如给予亚非集团以冷淡或毫不关心的印象是不合算的,要坚持公正方针,基本采取同情态度……"可以认为日本对于亚非集团的外交考量是非常功利的。而亚非集团可以给予日本的好处在于,"亚非集团有27国,数目上而言占据联合国票数的1/3,也有可能

---

① 国連の権威を重視　自民党　日本の加盟も促進[N].朝日新闻,1956-11-08(日刊).

给予日本推进外交以好的机会"①。如果说亚非集团的亚洲部分能给日本提供实际的经济利益,那么非洲部分显然提供的更多是政治上的利益,简而言之就是在战后各种国际组织、会议中的选票支持。

同时,"以上政策只要不破坏我国与自由阵营协调这一基本路线,那么抑制亚非各国的过激(言行),也就是为自由阵营做贡献"②。显然,日本将开展与亚非国家的外交,视为为西方阵营做贡献的方式之一。

在亚非集团的努力下,日本虽并未加入联合国却能够参加联合国会议;而加入联合国后,日本对亚非国家开展外交的根本宗旨,仍是为西方阵营服务。

在经历了万隆会议、苏伊士运河危机后,日本对于自己身份的定义已经逐渐清晰:日本之所以属于亚非集团,只是由于地理上、经济上与亚洲的关系,但并不包括政治立场,经济结构也不相似,日本与亚非集团的其他国家并不具有"同质性"。

与此同时,在联合国等国际机构中,当时的日本自认实力有限,并不一定事事都要"积极"与西方自由主义各国相协调,可以有时采取不表态的"中立"姿态。这样的"暧昧"态度,也模糊了其他亚非国家对日本的判断。结果是,日本有时作为西方的一员而存在,有时又不属于西方与亚非任何一方。

二、非洲选票与日本在联合国内地位的提升

(一) 非洲的独立与国际局势的变化

苏伊士运河危机的最终解决结果,显示出美苏两极凌驾于他

---

① 国协一课岡崎事务官.1957.国際連におけるアジア・アフリカグループ関係一件,1957年2月15日,外務省外交記録文書,B'2006.
② 同上。

国之上的现实,而老牌帝国英法的黄金时代已一去不复返,不再占据国际体系中的核心位置。1958年,英法已经被完全逐出了亚洲,对于最后的殖民地——非洲大陆的控制也越发力不从心。1958年,法国停止了与阿尔及利亚的战争,非洲北部所有国家几近完成了独立。1960年,包括13个法属"黑非洲"殖民地在内的17个非洲国家获得政治独立,这一年被称为"非洲年"。而1960年1月至1965年1月,总计有25个非洲国家获得独立。从此,非洲国家和非洲问题成为影响国际事务的重大问题。

到20世纪50年代末,美国越来越把共产主义在非洲的"威胁",看作必须优先考虑的重要问题。在苏伊士运河危机之后,埃及与苏联迅速接近,而苏联政府更是在1958年,在外交部设立了一个专门负责非洲事务的机构,并与新独立的利比亚、埃塞俄比亚和苏丹等国建立了外交关系。同时,还通过工会、青年组织等向非洲地区进行渗透。美国国务院也于1958年设立了单独的非洲事务局,这标志着开始把非洲问题作为一个专门问题进行应对、处理。但美国又必须照顾到其西欧盟友,所以在1959年4月,美、英、法召开了第一次关于非洲问题的会谈。最后三方达成了共识,认为共产主义的威胁是全球性的,需要联合起来阻止苏联的扩张。这样,非洲就成了美苏争夺的重要对象。随着肯尼迪政府的上台,美国调整其方针,冷战逐渐不再被视为两大军事集团的对峙,冷战的性质转变为两条发展道路的竞争。第三世界的重要性,不再仅仅体现在军事意义上,更是体现在发展道路上[①]。

(二)非洲选票与日本修改联合国宪章中"敌国条款"的诉求

在非洲国家纷纷独立的时期,日本忙着承认这些新独立的国家,设立使馆、接受一部分非洲国家元首前来访问。20世纪50年

---

① 刘青.美国对亚洲不结盟国家态度与政策的变化,1953—1963[J].美国研究,2008(1):7.

第一章　战后日本对非外交的起点及其
　　　　模式的雏形(1952—1973)

代,日本在非洲开设大使馆的国家只有埃及、埃塞俄比亚、加纳;1960—1973年,则先后在阿尔及利亚等16国设立了大使馆。当时,除去没有正式外交关系的南非外,非洲大陆共有43个国家,也就意味着每2个非洲国家才有一个日本使馆。对于非洲这样一个并不熟悉的遥远地区,面面俱到对当时的日本而言,显然难度太大。日本将与非洲关系的重点放在了几个重点国家,比如撒哈拉以南非洲独立运动的新老领袖加纳与坦桑尼亚、人口大国尼日利亚。而对于1960年、1961年独立的大批原属于法国的殖民地国家,日本比较注重的是塞内加尔。1961年日本派遣特使参加了塞内加尔的独立庆典,并与1962年1月开设了大使馆,管辖毛里塔尼亚、科特迪瓦、上伏塔、尼日尔、达荷美、多哥6国。此外,1960年6月,日本派遣参议院议员作为特派大使参加了刚果的独立仪式。当然,除了一些重点国家,非洲对日本并不具有多大的经济价值。比起与非洲国家的双边外交,日本在联合国框架内的对非外交则开展得更为积极。

1945年联合国建立之初,其51个创始会员国中有14个欧洲国家、12个北美国家、10个南美国家、9个亚洲国家(包括当时还未独立的印度、菲律宾)、2个大洋洲国家,以及4个非洲国家。20世纪50年代,非洲独立国家也一共只有8个。而到了20世纪60年代,由于非洲国家的大量独立,联合国内的结构发生了巨大变化。这不仅改变了亚非国家在联合国内的地位,其自身占到整个联合国会员国数的将近1/3,就已经让任何在选票问题上敏感的国家不得不重视。

早在1960年,对于西非显示出的独立大趋势,美国已经忧心忡忡:"苏联集团和亚非集团一起投票就会控制联合国……必须尽一切努力控制新出现的非洲国家。"[①]1962年,日本外务省派遣

---

① Memorandum of Discussion at the 438th Meeting of the National Security Council, March 24, 1960, FRUS, 1958-1960, Vol.XIV, p.94.

驻联合国大使冈崎访问非洲的十几个国家,就是由于一方面日本极有可能成为联大主席候选国,另一方面当时联合国经济和社会理事会要进行理事国改选,日本也是面临被改选的6个理事国之一,日本希望能再次成为候选国。而非洲的选票,是希望在国际机构特别是在联合国中有所作为的日本外交所需要的。冈崎访非得到的反馈是,对于日本的上述诉求,多数非洲国家表示赞同①。当时,日本在联合国内的核心诉求是修改联合国宪章,更需要非洲选票的支持。

  日本虽然在1956年加入了联合国,成为国际大家庭的一员。但《联合国宪章》中被称为"敌国"条款的第53条和第107条,明确将日本和其他几个国家列为联合国创始成员国的敌国。这也就意味着在联合国这一第二次世界大战后最重要的国际组织中,日本处于一种非常"特殊"的地位。而要改变这种情况,就需要删除《联合国宪章》中的原敌国条款。在1957年9月19日的联合国大会上,藤山爱一郎外相在演讲中第一次提出了修改联合国宪章事宜。但对于《联合国宪章》的修改,需要5个常任理事国的一致同意和2/3会员国的同意。而"2/3会员国的同意"无疑是日本开展对亚非国家外交的一大动力。

  以原敌国条款为目标推动修改联合国宪章,对于日本而言,难度不可谓不大。但联合国中确实一直存在着希望修改宪章的声音。但这些国家所关注的,是联合国安理会的扩容问题。在联合国成立之初,澳大利亚与加拿大就自认是不同于小国的"中间国家",应该在安理会中占据特别地位②。1956年,19个拉美国家与西班牙一同,向联合国大会提交了一份议案,要求增加非常任

---

  ① 日本の技術援助期待 アフリカ視察 岡崎国連大使語る[N].読売新聞,1962-08-08(夕刊).
  ② 莱因哈特·德里弗特.愿望与现实——日本争当联合国安理会常任理事国的历程[M].上海:东方出版社,2002:187.

第一章 战后日本对非外交的起点及其模式的雏形(1952—1973)

理事国的数量。对于1955年后加入联合国的众多中小国家而言,非常任理事国席位条款最能体现联合国内的不平等性。按照联合国成立之初的地域分配方案,6个非常任理事国中,南美两席、东欧一席、西欧一席、中近东一席、英联邦一席。其中,东欧的席位并非"固定席位",亚洲国家、非洲国家如果希望担任联合国非常任理事国的话,就需要与东欧国家开展竞争。

安理会的扩容对于日本而言,不仅为提高自身在联合国内的地位提供了机会,而且一旦成功,还可以造成修改联合国宪章的先例,有利于日本推进自己的修改方案。所以,日本首先对扩大常任理事国数量的修改方案进行支持。1959年11月,日本与萨尔多瓦联合提出的联合国宪章的修正案得到通过。该议案建议道,如果到1960年修改宪章之事还不能达成一致意见,则要求设立委员会,讨论扩大安理会成员国的数量[①]。

1960年、1961年非洲国家的大量加入,使得非常任理事国的设置越发显示出与联合国现状的不相吻合。在非常任理事国中居然没有非洲的位置,根本无法发出非洲的声音,非洲国家自然有更强烈的意愿去改变这种情况。1960年,非洲国家与拉丁美洲国家在联合国特别政治委员会上,就安理会非常任理事国以及经济和社会理事会理事国扩容达成一致[②]。这就使得同为亚非集团成员、同为"修宪"而努力的日本与非洲国家之间产生了共同利益。非洲国家对于该条款的修改不仅起到了积极推进作用,也使其通过成为可能。1963年,联合国大会通过决议,同意增加安理会非常任理事国的数量。安理会从原来的11个理事国增加到15个;同时经济和社会理事会也进行扩容,由原来的18个理事国增

---

① 潘亮.国連憲章改正問題と日本.日本の外交第2巻外交史戦後編[M].岩波书店,2013:239-241.

② 安保理再編をねらう アフリカ諸国同調 中南米の改組決議案[N].朝日新聞,1960-11-04(朝刊).

加到27个。这也可以视作日本联合国外交的一次成功案例,此后日本对修改联合国宪章的推进,也仍旧沿袭这一路线。

    非洲的选票,对于当时希望彻底消除战败国身份的日本而言具有不可估量的价值。随着国力的日渐增长,日本又产生了成为安理会常任理事国的念头。修改原敌国条款最多只能使日本成为联合国的"普通"一员,而成为安理会常任理事国,则既可以获得极大名誉,又可以握有极大的权力。于是,成为安理会常任理事国取代了修改原敌国条款,逐渐成为日本联合国外交的第一要务,标志着日本修改联合国宪章的目的,已经从最初的追求"平等性",变成了追求国家的"优越性"。

    这是日本与非洲、拉美等国"修宪"诉求的本质区别。大多数拉美国家是谋求以彻底修改宪章来争取应有权利的发展中国家,所不满的是大国中心主义所导致的整个联合国体系的不平等现状。对于安理会的扩容,这些国家则希望按照地域进行合理分配,使得弱小国家也可以在安理会发出声音。而日本的不满,针对的并非是对整个联合国体系的"不平等",而是对原敌国条款和安理会构成现状的不满。日本本身并没有挑战以大国主导为基础的联合国秩序这一意图,反而认为联合国的现存秩序,符合日本的国家利益,必须为其存续而努力。所以,就有了所谓的日本"不是维持现状,也非打破现状,而是改善现状的建设性力量"[①]的说法。日本所希望的,只是自身在现有体系内地位的提高,即以实力进入大国俱乐部。所以在安理会扩容问题上,日本所认可的是"实力分配",而中小国家,包括非洲国家所希望的是"地域分配"。在修改宪章、安理会扩容的大目标上,日本和非洲目标一致,而一旦涉及具体问题,双方的差异和不相容立刻显露无遗。

---

    ① 潘亮.国連憲章改正問題と日本.日本の外交第2卷外交史戦後編[M].岩波书店,2013: 239-241.

第一章　战后日本对非外交的起点及其模式的雏形(1952—1973)

日本与非洲的这种不相容,其实早已存在。实际上在联合国内,日本与非洲国家在许多政治立场上是背道而驰的。譬如,在1958年的阿尔及利亚问题上,日本已经显现出了与非洲的格格不入。当时亚非17国共同提交的旨在"原则上承认阿尔及利亚独立、承认该国国民组成的临时政府"的方案,最终以一票之差没能达到大会2/3而惨遭否决,身为亚非集团一员的日本却选择了弃权①。再如,1962年亚非38国就南罗德西亚问题所提交的、要求在独立平等基础上召开新制宪会议的方案,日本保持与美国一致,选择了弃权②。1965年,竞选安理会非常任理事国时,日本虽然成功当选,但在任期是一年还是两年的竞选时,日本获得的票数仅仅比过半数多一票。至于票数在何处流失,从1965年11月29日联合国特别政治委员会上,几内亚代表对日本的点名批评中可以一窥缘由。"法国向南非增加武器出口,英国、意大利、美国、德国以及日本(与南非)的贸易也在增加。尤其是日本的这种利己态度是可悲的,因为这个国家希望在安全保障理事会上代表亚非各国。"③日本"亚非集团一员"的虚伪性、与非洲国家本质上的"非同质性",在南非问题上显露无遗。

随着日本与非洲国家在联合国中接触的增加,非洲国家也逐渐意识到日本与自己在政治立场上的差异。对于非洲国家而言,反殖民地主义、反帝国主义并不是一句口号,是其在联合国的基本政治立场。而且反殖民地主义、反帝国主义在非洲还等同于反种族歧视,最终演化为反白人。在这一点上,非洲国家与西方阵营显然有极深的矛盾。而日本对反殖民地主义所表示的"同情",

---

①　行悩む国連総会対策[N].読売新聞,1959-08-24(朝刊).
②　第16国連総会終わる　南ローデシア決議可決　日本は棄権[N].読売新聞,1962-06-29(夕刊).
③　南ア経済制裁に協力　松井大使日本非難に反論　国連政治委[N].読売新聞,1965-12-30(夕刊).

都是建立在不影响与西方阵营协调,尤其是不影响与美国协调这一点之上的。而这也是日本外交的指导思想。所以非洲所在乎的南罗德西亚问题也好,南非问题也好,日本最多弃权,却不会和非洲站在同一条战线上。

当时日本官方认为,"'黑非洲'各国在联合国虽然对南非的主要贸易国进行的指责越发过激,但是在与日本的双边场合,却并不涉及这一问题。在双边协议的场合,他们最关心的常常是(如何)推进两国间的经济合作",但仍需要"尽量增加双边合作关系"来投其所好,并努力争取"黑非洲"各国对日本在南非问题上所持立场的理解。但这"并不认意味着在联合国指责日本与南非贸易的声音会减少"①。在非洲国家希望日本帮助其进行国家建设,而日本也并不太需要非洲国家对自己进行政治支持的时候,双方可以在"政经分离"下相安无事。然而,当日本想要成为常任理事国时,获得非洲的明确支持就成了无法回避的现实。

在1969年联大会议上,外相爱知揆一间接表明了日本希望成为联合国常任理事国的意愿;而在1970年第25届联合国大会的一般讨论演说中,爱知在对联合国宪章的具体修改建议中明确指出,要"重新讨论联合国安理会常任理事国的构成",而"删除原敌国条款"则被置于最后的第五条②。这是冷战期间日本第一次,也是唯一一次为成为安理会常任理事国进行的积极尝试。而在此期间,日本对非洲所显示出了少有的积极姿态,也绝非偶然。

1969年,日本还在"反对对南非进行经济制裁和禁止一般贸易"③,而到了1970年3月,日本政府则首次向非洲派遣了大型经

---

① 外務省中近東アフリカ局.1969.アフリカ問題に関する日米意見交換会議議事要録.外務省外交記録文書.2009-0683.
② 「平和機能」・安保理・旧敵国条項削除 憲章改正呼びかけ 国連総会外相演説まとまる[N].読売新聞,1970-09-06(朝刊).
③ 外務省中近東アフリカ局.1969.アフリカ問題に関する日米意見交換会議議事要録.外務省外交記録文書.2009-0683.

第一章　战后日本对非外交的起点及其模式的雏形(1952—1973)

济使节团,日本经济界的代表性人物踏上非洲大陆,进行了实地考察。1970年10月27日,又是在联合国,日本以对南非实行完全的武器禁运、停止投资、断绝外交关系等,来表明日本对于种族隔离制度的态度①,在南非问题上少有地顾及了非洲国家的意愿。当然,当时继续支持南非的也只剩下英国。1971年,三菱、三井和伊藤忠三大公司联手准备参与刚果铁路建设。以上种种,如与当时日本尝试"入常"的诉求联系起来,也就不难理解。而这也恰恰证明了日本对非外交的局限性所在。

当时积极推动日本入常的驻联合国大使鹤冈千仞早在1964年,即在其自身担任驻瑞典大使时,就向外务省提交了一份长达84页的报告。报告中提出:"我国政府应在中共就任安理会常任理事国之前,先占据安理会常任理事国的席位",能否实现这一目标,关键在于现任常任理事国的态度。可以以"'中和'中国的任意妄为"来说服美国支持日本入常,从而得到西方阵营的支持。以同样的理由,由美国向与中国对立、正在试图与西方阵营改善关系的苏联做工作,作为"缓和紧张的一项政策",支持日本入常②。不言而喻,鹤冈的思路是,获得东西两大阵营的支持以谋求成为常任理事国,而"中和"中国的影响,则是争取美苏支持的一张牌。

1967年8月,鹤冈在记者会上表示,"日本担任安理会常任理事国已经不是缺乏现实性的提案"。背景是因为当时的国际格局,确实在朝着鹤冈所预想的方向发展。由于中苏对立的加深,以及1968年以后美国对中国围堵的松动,美国认为在联合国中实行"两个中国"的方案是最合适的,这又有助于日本展开在非洲的拉票工作。早在1964年召开第六次非洲公馆馆长会议时,日

---

① 読売新聞,1970-10-29(朝刊)。
② 鶴岡大使.1967.鶴岡発電報信第二〇五号、外務省外交記録文書.2010-1101。

本外务省得到的信息就是非洲大多数国家倾向于"两个中国"①，此后由于台湾当局在非洲的努力，希望维持"两个中国"的非洲国家也并不少。显然，对日本而言，中国代表权问题、苏联的阻碍——这两大被视为对修改宪章不利的国际情况②，同时有了改善。

当大国问题解决后，接下来是"2/3 会员支持"问题。在这样关键的时刻，日本不得不考虑如何去赢得非洲的支持票。显然，成为"常任理事国"的选票问题，要比非常任理事国困难得多。而 1970 年联大会议上声讨的三大"恶人"——以色列、南非与葡萄牙，无一不属于"白人"集团。"黑非洲"对于南非的态度，经过 20 世纪 60 年代已经非常统一，而之前对南非与以色列这两个白人国家态度并不一致的阿拉伯非洲与黑非洲也在"反白人"上形成了一致。虽然反白人不等于"支持中国"，但显然不支持"反白人"，是肯定得不到非洲选票的，也得不到中东地区的选票。更何况在这一届联大上，阿尔巴尼亚提出的恢复中国在联合国合法席位的方案，所获得的支持票数首次超过了半数（1969 年为 56 对 48）。虽然由于这是"重要事项"而无法被采纳，但无疑给致力于抢在中华人民共和国之前"入常"的日本外交当局敲响了警钟。但是，让日本大跌眼镜的是，即便美国仍旧坚持阻止中华人民共和国，中华人民共和国仍在 1971 年联大会议上在"多数派"的支持下，恢复了在联合国的合法席位，使得刚刚展开对非入常外交攻势的日本，突然失去了动力。

1972 年，美国突然公开表示支持日本成为联合国常任理事国。美国的这一"有力支持"，让日本谋求进入大国俱乐部的真实

---

① 二つの中国論が大勢　アフリカ公館長会議[N].読売新聞, 1964 - 12 - 12. 朝刊.
② 莱因哈特·德里弗特.愿望与现实——日本争当联合国安理会常任理事国的历程[M].上海：东方出版社, 2002：27.

第一章　战后日本对非外交的起点及其模式的雏形(1952—1973)

目的暴露无遗,实际上进一步拉开了日本与非洲的距离。但日本继续迷信大国的力量,异想天开地提出以缓和中华人民共和国恢复合法席位所带来的冲击为由,将日本"打包"进入安理会常任理事国之中①。而为了获得在修宪上很难统一立场的四大常任理事国(除中国外)对其成为常任理事国的支持,对于由16个国家所提出的设置联合国宪章修改特别委员会方案,日本虽然加入共同提案国当中,但"不再如前两年般积极推动宪章修改"②。

日本即使在积极推动宪章修改的时候,其所提出的修改方案也是在充分顾及现体系的中心国家,尤其是欧美的利益基础上所作出的。1969年联大会议上,哥伦比亚突然提出设置修改联合国宪章特别委员会这一激进方案,最终成为留待下一年再讨论的折中方案。1970年再讨论这一方案,得到的结果是推迟到两年后再进行审议③。而居中斡旋,被视为修宪领袖的日本,其实在修宪过程中发挥的仍是"抑制激进"的作用。

当然,从现实可操作性出发,日本的顾虑并非没有道理。在入联的路上,无数次倒在大国否决权下的日本,对联合国体系、对强权的认识,或许比任何国家都要深刻。但日本在推进宪章修改过程中的"抑制"做法,事实上是一种"劫贫济富"的方式。更为致命的是,如果大国坚决不肯让步,被日本"抑制"而再三让步的小国,对于"领头者"日本必然产生不满,而不满在累积到一定程度后,就有可能爆发。到1978年时,这种不满就以支持日本的对手为联合国非常任理事国的形式得以宣泄:日本居然输给了刚加入联合国的小国孟加拉国。而这次非常任理事国选举的败北,"不

---

① 鹤冈大使.1972.鹤冈発電報信第二〇五号、外務省外交記録文書.2010-1149.
② 読売新聞,1972-11-22(朝刊).
③ 潘亮的论文对此有详细研究,详见潘亮.国連憲章改正問題と日本.日本の外交第2巻外交史戦後編[M].岩波書店,2013:239-241.

仅给予日本政府极大的冲击,事实上也给日本以修改宪章为主轴、成为新常任理事国的战略摸索,打上了休止符"①。

直到冷战结束,日本在修改联合国宪章以及成为安理会常任理事国上,都没再采取明显的积极行动。这也意味着,联合国内的非洲选票不再那么重要,于是,在日本外交中原本就存在感薄弱的非洲国家,对日本而言也越透明。

三、中国在亚非集团内影响的扩大与日本的应对

1957年的日本《外交蓝皮书》中,对日本外交的三个基本方针的阐述为:"联合国中心主义、作为亚洲的一员、与自由世界的合作。"虽然没有表明是否按重要程度进行的顺序排列,但联合国被置于首位,至少可以说明当时联合国还是相当受重视的。但"联合国中心主义"这一说法也仅仅出现在1957年、1958年的《外交蓝皮书》中,之后就再也没有此种表述了。而到了1961年,《外交蓝皮书》更是指出联合国的各种局限性,开始强调联合国未能发挥其维持和平的作用。20世纪50年代后半期,日本外交中心转向如何使日美关系更平等。虽然1956年日本被接纳成为联合国一员,但仍未摆脱对美国的附庸地位。日本希望通过对日美安保条约的修订,改变日本完全听命于美国的半占领状态,在法律上具有一定的相互性和对等性。最终,安保条约完成修订,日美之间的关系在法律上从"主从关系"变成了"伙伴关系"。

日本在同盟中的地位有了一定程度的提升,同时也需要承担作为"伙伴"的责任。这一时期,日美双方在遏制中国方面有着共同的战略利益,而中国在非洲影响力也在逐渐扩大。两相交汇之

---

① 潘亮.国連憲章改正問題と日本.日本の外交第2卷外交史戦後編[M].岩波書店,2013:239-241.

第一章 战后日本对非外交的起点及其模式的雏形(1952—1973)

下,"配合美国"遏制中华人民共和国,对于日本的对非外交具有更大的现实意义。

中华人民共和国在第一次亚非会议上取得了巨大成功。会议结束后的1956年,中国与埃及建交。中国支持非洲的民族解放运动,对于新独立的非洲国家,中国都积极予以承认。20世纪60年代初,在中美对立以及中苏关系恶化的情况下,中国积极开展对第三世界国家的外交。1963年,中国向阿尔及利亚派出第一支医疗队,1963年年底1964年年初,周恩来总理出访非洲10国,积极发展与非洲国家的关系。1964年10月中国成功进行核试验,对于亚非的影响力增强。而1964年初,法国正式承认中国,给国际政局带来极大影响,意味着西方阵营发生分裂。至此,曾在非洲拥有最多殖民地、在非洲各国独立后仍拥有巨大影响力的英法两国,在中国问题上站到了美国的对立面。而英法的态度转变,影响到美国"孤立中国"的政策。最直接的体现在于,中国有了通过"多数支持"恢复在联合国合法地位的可能。

1949年中华人民共和国成立后不久,中国政府就向联合国提出驱逐"台湾当局"代表、恢复中华人民共和国合法席位的要求。20世纪50年代以后,在冷战背景下,美国一直视台湾当局为西太平洋防御圈的一个重要环节,用于牵制中苏对东亚和东南亚地区势力的影响。如果中华人民共和国恢复了在联合国的合法席位,以唯一的合法政府为联合国所承认,则台湾当局势必要退出联合国。如果同为社会主义的苏联和中华人民共和国在联合国中联合起来,美国控制联合国的能力就会大大减弱,这直接影响美国同苏联在冷战中的实力对比。此外,如果台湾当局退出联合国,表明台湾当局是一个被国际上承认的政治实体,这将直接影响到美国在台湾驻军和对台军售的合法性。所以,美国不遗余力地反对中华人民共和国恢复联合国的合法席位。

由于美国在联合国具有优势地位,从1951年第6届联大到 1960 年第 15 届联大,多次以"暂缓讨论"中华人民共和国恢复联合国合法席位问题的方式,将中华人民共和国挡在联合国外。但随着新独立国家的增多,特别是非洲国家的大量独立,逐渐减弱了美国在联合国中的优势地位。而且反对"暂缓讨论",要求恢复中华人民共和国在联合国的合法席位的呼声越来越大。1960年第 15 届联大表决"暂缓讨论"提案时,赞成票数量虽仍有 42 票,但弃权和反对票数量却已分别增至 22 票和 34 票(1 国缺席)。更为现实的是,到了 1961 年联合国大会召开时,99 个联合国会员国中,亚非国家占到了 45 个。美国不得不改变策略,来回应审议中华人民共和国恢复联合国合法席位问题的声音。1961 年 11 月 15 日,美国与日本等共同提交的方案在联合国得到通过,这一联合国第 1668 号方案的通过,使联合国中国代表权问题成为一个"重要问题",即"任何对中国代表权问题的变更",均需要联大 2/3 多数同意方能生效,为中华人民共和国恢复联合国代表权设置了新的障碍。能够成功阻止中华人民共和国得到 2/3 的选票,显然关键在于握有大量票数且仍在呈现增加趋势的亚非集团,尤其是其中占到联合国近 1/3 席位的非洲。随着法国对中国的承认,之前对中华人民共和国恢复联合国席位并不支持的原法属殖民地国家有很大的转向可能。美国在联合国要阻止中华人民共和国恢复合法席位的压力陡增。

美国并不希望看到亚非集团形成一致支持中华人民共和国的情形。然而 1964 年 11 月美国对刚果开始进行直接军事干涉,1965 年 2 月又开始轰炸北越,与亚非地区关系紧张起来。于是,同样参加过第一次亚非会议的美国盟友——日本显现出自身价值。由于地理上的遥远,以及同属亚非集团,使得非洲国家对于日本的理解建立在"有色人种中唯一的工业国"这一美好形象上。根据外务省的统计,新生非洲国家访问日本的使节团及要员,1962 年为 15 组,1963 年 14 组,1964 年 8 组,1965 年 21 组。

第一章 战后日本对非外交的起点及其模式的雏形(1952—1973)

新独立的非洲国家,在政治独立后,将重点放在国内经济发展的需求上,对日本的态度是比较友好的,同时在经济上"对日本期待非常大"。因为非洲国家"对于欧洲美国这些距离近的国家,有很强的警戒心",担心一旦接受了带有条件的援助,就难以真正独立。因而希望作为亚非集团国家的日本能够提供经济发展所需的资金和技术援助。

作为亚非集团内唯一的工业国,日本受到亚非国家、特别是非洲国家的期待——这对于美国而言,具有极大的价值,被视为可以发挥抗衡中国的力量。其实早在1960年,美国国家安全保障会议所采纳的对日政策基本文件NSC6008/1中的结论,就提出日本对于自由主义世界的贡献,主要是通过其经济力来实现,而且主要是通过其对亚非各国的"作为调停方的影响力"来实现的[①]。

在亚非集团内遏制中国,也是日本自身所乐意承担的责任。日本将亚洲的邻居中国视为自己的对立面,出于自身利益考虑,积极配合美国,遏制中国。为此,1961年,为了应对非洲的独立浪潮,外务省进行了机构改革,新设立欧亚局中近东非洲部非洲课,1965年5月又升格为中近东非洲部非洲局,非洲的价值提升由此可见一斑。

早在法国承认中国后,日本外务省就"将非洲新兴各国视为握有(恢复中华人民共和国在联合国合法席位)决定票权的国家",开始认真探寻其动向。譬如,让出访非洲的驻联合国大使松井明直接试探非洲各国首脑的意向。松井在所提交的非洲报告中,将原法国殖民地各国进行了分类,分为:承认中华人民共和国;同时维持与中华人民共和国和台湾当局关系;态度未定但倾向承认中华人民共和国;态度未定但倾向承认台湾当局。并认为,当中华人民共和国恢复联合国席位能产生有利于法国的形势

---

① 五百旗頭真.戰後日本外交史[M].有斐閣,2006:93.

时，有可能会使非洲各国承认中华人民共和国。① 1964 年 12 月 12 日，外务省召开的第六届非洲公馆馆长会议的特别议题为"非洲统一的现状与预测"，以及"联合国与非洲"。特别就中国问题进行讨论，并将此次会议的报告，以及联合国日本代表部的情报，汇集分析，在此基础上形成针对中国问题在内的联合国外交方略②。足见日本对中华人民共和国恢复联合国合法席位问题的重视程度。

日本确实承担起了"中和"中国在亚非集团内、特别是在非洲影响力的作用。日本本身并不关注第二次亚非会议，也没有参加 1964 年 4 月 10—15 日在印度尼西亚雅加达举行的第二次亚非会议的筹备会议。但由于局势的转变，日本关注起这次会议来。1965 年 3 月 22 日，驻象牙海岸临时代理大使发回的电报，认为马尔加什共同组织国家不出席第二次亚非会议的话，该组织之外的尼日利亚等"稳健派"国家也可能不出席。这样，会议会大幅倾向支持中华人民共和国的激进派，对于以日本为首的稳健派集团则只会成为虚弱的道具③。5 月，外务省为参加第二次亚非会议所做的准备材料中，对非洲各国进行了分类：激进派（包括加纳、几内亚、马里、索马里以及刚果布）、中立派（包括肯尼亚、乌干达、坦桑尼亚、埃塞俄比亚、马拉维、赞比亚等）、稳健派（可能出席的尼日利亚、利比里亚和塞内加尔，不准备出席的象牙海岸、尼日尔、上沃尔特和多哥等）。认为日本"应尽量让稳健派各国出席，互相合作，不让激进派主导会议"，而工作重

---

① 「対中国」四つに分類　松井大使　アフリカ報告作成[N].読売新聞，1964-03-26（夕刊）.

② 二つの中国論が大勢　アフリカ公館長会議[N].読売新聞，1964-12-12（朝刊）.

③ 在象牙海岸藤臨時代理大使.1965.OCAM 諸国の AA 会議参加取り止め（意見具申）.外務省外交記録文書.2009-0683.

第一章　战后日本对非外交的起点及其模式的雏形(1952—1973)

点放在"对其他非洲各国有很大发言权的那些国家,通过那些国家劝说稳健派各国参加"①。

1965年6月19日阿比让发回的电报、6月23日巴黎发回的电报,都显示出日本在非洲各地的使领馆,确实按照"提议稳健派各国参加亚非会议"的政府训令,对马达加斯加、象牙海岸、多哥、中非、尼日尔、达荷美、乍得、喀麦隆、加蓬以及布隆迪等国发出了提议。同时,"我们要对相关国做工作,就必须做好作为稳健派的领导活跃于会议的心理以及实际准备。必须做好可能与激进派正面交锋、分裂会议的心理准备"②。这时,日本的态度与第一次亚非会议已判若两人,不再是只谈经济不谈政治,而是准备积极发挥"领导"作用。但是从其目标而言,日本希望非洲国家"不支持中华人民共和国",而非"支持日本"。这种"积极"存在一定的局限性。

1965年6月19日阿尔及利亚发生政变,使得原本就已经分裂的亚非集团形成了坚持会议继续召开与主张会议延期的两派。日本在表明希望会议延期的同时,向驻土耳其大使宫崎发出了政府训令。宫崎大使被定为第二次亚非会议日本政府代表代理,当时正留在巴黎,为参加会议做前期准备。训令指示宫崎在当地为亚非会议的延期做出努力,并授权其可以在外交部部长会议时以外相代理的身份参与其中。6月23日宫崎到达阿尔及尔,赶在24号外交部部长会议召开前和土耳其、菲律宾、伊朗以及印度等代表进行会谈,与这些同样认为延期合适的国家协调步伐③。

---

①　外務省中近東アフリカ局.1965.第二回 AA 会議に対するアフリカ諸国(サハラ以南)の態度について(AA 会議準備用メモ).外務省外交記録文書. 2009–0683.

②　外務省中近東アフリカ局.1965.第二回 AA 会議に対するアフリカ諸国(サハラ以南)の態度について(AA 会議準備用メモ).外務省外交記録文書. 2009–0683.

③　AA 準備事務局.1965.第2回 AA 会議をめぐっての我が国及び同系諸国の動き.外務省外交記録文書.2009–0683.

对于会议的最终延期,外务省将其视为日本外交的一大胜利,认为"历来掌握亚非会议举行主导权的中共、印度尼西亚以及巴基斯坦步调不一,也是以英联邦13国以及围绕其所集结的包含我国在内的稳健派各国的发言权增大的结果"[1]。"此次会议没有成功,这一事实会使得中共外交程序发生混乱,对中共外交而言是一大挫折。而且,此次会议使得许多亚非国家对中共产生不信任、有警戒心。对未来中共的外交产生负面影响。"但是,1965年联大会议上,美国与日本等11国提出的重要事项方案以56对49险胜,而提议恢复中华人民共和国席位的方案则得到47票赞成,47票反对,20票弃权的结果。这一结果给予日本政府相当大的冲击。因为,这一结果表明,即使是在1965年中国外交遭到很大打击的情况下,非洲大部分国家仍旧希望恢复中华人民共和国在联合国的合法席位。

非洲国家虽然独立的进程不同,但均专心于国家建设上,并不想卷入美苏对立。虽然对国家发展应该采取怎样的方式意见不一,但是在20世纪60年代中期,美式援助的局限性已经显现。驻刚果大使杉浦发回的电报中,对非洲形势做了如下描述:"中国、古巴没有接受美元援助却取得了国家建设的好成绩,而印度、巴西接受美元援助却不成功,非洲领导人中就产生了自力更生的念头。1958年美国投资非洲789万美元,其中510万美元流向了矿山和石油部门。而南非接收了投资的大部分,支持南非白人政权的正是这些美元。"[2]一是发展方式,一是南非问题,两项相加,非洲国家对美国越发不信任。虽然反美未必导致支持中国,但在中国拥有核武器后,出于更现实的考虑,恢复中华人民共和国在

---

[1] AA準備事務局.1965.第2回AA会議開催延期と参加各国への影響.外務省外交記録文書.2009-0683.

[2] 杉浦大使.アフリカ諸国政治・経済(含、対日関係).外務省文書外務省外交記録文書.2009-0685.

联合国的合法席位,也是对联合国寄予厚望的许多非洲国家的愿望。

第二次亚非会议虽然没能顺利召开,但阻止中华人民共和国恢复席位之路仍没有结束。而日本此后也采取了相应措施,比如1966年第八届非洲大使会议讨论的结果,是决定增加与非洲各国的经济关系,加强政府间的技术合作,解决日本单方面出超问题,并由政府进行直接贷款等①。而对于重点国家,如"反共急先锋"国家马达加斯加,不但以国宾规格招待马达加斯加总统访日,还发表了日本与马达加斯加的共同声明,宣布日本政府"尽可能促进两国间的贸易与经济技术合作"②的决定。

像当年巴基斯坦坚持邀请日本参加第一届亚非会议一样,日本的这一"抑制激进"的使命,似乎总是和"中和"中国在亚非集团内的影响捆绑在一起。在第一届亚非会议上日本虽然不积极,但日本的参加,展示了作为自由主义阵营一员所能取得的成就。日本本身就是西方阵营向亚非各国展示与自由主义阵营进行协调,所能获得的好处的最佳案例。而随着日本国力的增加,"中和"中国显然不能停留在消极展示上。尤其是在非洲与西方阵营特别是与美国对立尖锐的时代,如果日本可以抑制亚非集团内部的激进力量,也就意味着日本在亚非集团内具有一定的领导能力。日本在亚非集团内可以起到的作用,提高了其在美国眼里的价值。日本之所以变得如此积极,一是由于与美国在中国问题上具有共同利益,同时,也是看到了"亚非盟主"能为日本谋求在日美同盟内真正的平等关系所能提供的机会。

四、对非经济合作与消除对日贸易歧视

日本虽于1955年9月实现了加入关贸总协定的夙愿,但在其

---

① 読売新聞,1966-09-13(朝刊).
② 読売新聞,1965-11-23(夕刊).

入关后,以英法为首的 14 个国家立即对日本援用了关贸总协定第三十五条(简称"第三十五条")。关贸总协定是战后自由贸易体系的基础,加入关贸总协定,意味着可以享受最惠国待遇,意味着关税差别待遇的撤销,以及不能对贸易对象国任意设置进出口限制。然而通过援用第三十五条,关贸总协定成员国却可以拒绝与日本在关贸总协定框架下发生贸易关系,不向日本提供最惠国待遇。第三十五条的始作俑者,是曾经的非洲第一大殖民地拥有者英国,而日本的入关之路更是被英国屡次阻挠。第二大殖民地拥有者法国,在对日贸易上也与英国站在了一起。也就意味着日本虽然加入了第二次世界大战后的西方经济体系,但并没有得到完全的认可。日本希望能完全融入西方经济体系,为了改变这种歧视性政策,进行了近十年的艰巨谈判。这一艰难而缓慢的融入过程,也牵涉到了非洲各国。

对于 20 世纪 50 年代的日本而言,日美贸易是重头,加上日本在亚洲的贸易扩张,此时英法等的对日贸易歧视问题并非迫切需要解决的问题。然而到了 20 世纪 60 年代初,随着经济的高速增长,日本迫切需要扩大美国以外的市场。于是,让有关国家撤销对日援引第三十五条从而消除贸易歧视,成了 20 世纪 60 年代日本外交的一大课题。

20 世纪 60 年代前,日本与非洲地区的少数几个国家依靠低端产品的出口维系着并不紧密的经济关系。日本当时对外经济合作的理念,建立在对自身是介于发达国家与发展中国家之间的"中等发达国家"[①]这一认识之上。由于历史、地理上的原因,日本"量力而行",专注于对周边地区的经济合作,并未过多关注非洲。

在非洲国家陆续独立时,日本也意识到了这些继承原宗主国

---

① 具体参见当时的经济企划厅参事官林雄二郎.日本と南北問題に関する一考察[J].国際問題,1964(3):34.

第一章 战后日本对非外交的起点及其模式的雏形(1952—1973)

法律地位的新国家,有可能继续对日本援引第三十五条。1961年关贸总协定的文件显示,日本政府收到了至少16个新独立国家将继续对日本的进口援引第三十五条的警告,其中主要是非洲国家[①]。日本希望能通过双边谈判解决这一问题。在尼日利亚独立前,日本就与其展开谈判,希望尼日利亚在独立后不要援引第三十五条。对于已经援引第三十五条的加纳,则希望能通过缔结贸易经济合作条约,使加纳撤销援引第三十五条的决定[②]。

第二次世界大战后经济发展的黄金年代——20世纪60年代,西欧的白人宗主国仍有能力负担对非洲的大部分援助,而西欧白人国家与非洲国家在诸如优惠关税等重要的贸易问题上具有一致性。这样,在第二次世界大战后自由贸易体系内,形成了欧洲白人国家与非洲国家的对日共同压力。一方面出于扩展欧洲市场的实际需要,另一方面由于一些非洲国家在独立后确实选择与原宗主国英法进行政策协调来避免经济摩擦、增进共同利益,日本认为原宗主国对非洲国家具有巨大的影响力[③],所以把通过谈判谋求曾拥有巨大殖民地的英法撤销援引第三十五条作为首要任务。

1961年7月,外相小坂善太郎访问英、法、联邦德国,在该年度11月的关贸总协定部长级会议上,英法等都表明将撤销对日援引第三十五条。还未加入的突尼斯表示不援引,而加纳、新西兰在1962年予以撤销。1962年9月,新任外相大平正芳再次出访英、法、联邦德国三国;同年11月,池田首相出访联邦德国、法、英、比利时等国。最终,在1963年《日英通商居住航海条约》生效

---

① 新興国(アフリカ)の35条援用 ガット委報告 日本が憂鬱[N].読売新聞,1961-11-24(夕刊).
② 読売新聞,1960-01-06(朝刊).
③ 在1969年日本与美国之间就非洲问题进行了意见交换,当时外务省中近东局局长说道:"直到三年前,我国也未能确立对非外交。原因在于非洲各国与日本地理遥远,互相之间认识不足,加上旧宗主国的影响。"

后,英国撤销了对日援引第三十五条;1963年1月日法通商协定以及日法贸易关系议定书批准交换后,法国也予以撤销。需要注意的是,20世纪60年代后半,英、法、德、西班牙等撤销对日援引第三十五条也是附带条件的,即日本必须同意"出口自主限制",而这样的状况一直持续到20世纪80年代末。由此可见,即便是在西方经济体系内,日本仍是受到歧视的,而且这样的歧视是长期的。

在解决了英法这些"白人"国家对日本的贸易歧视问题后,确实有一些非洲国家也随之相继撤销了对日援引第三十五条。然而直到1970年,以原英法殖民地的非洲国家为首,仍有30多个国家通过援引第三十五条,对日实行贸易歧视。也就意味着日本的这种通过与西欧白人国家进行协调的方式,并没有完全奏效。

在非洲国家中,对尼日利亚这样不肯撤销第三十五条的重要出口市场国家,日本又是进行技术合作又是贷款。而1962年已经撤销对日援引第三十五条的另一大日本纺织品出口国加纳,在与日本就贸易协议进行谈判时,希望在协议中明确日本对加纳的进出口金额、产品数量等。具体为:日本对加纳的进口,第一年购入200万英镑,之后每年增加50万英镑,5年后增加到400万英镑,而加纳对日本的进口则限定于每年1 000万英镑;日本每年从加纳购入1万吨可可,日本向加纳提供1 500万美元的贷款。而日本政府则认为这些内容有悖于自由贸易原则,且如若没有一定的计划,日本也无法提供贷款。这样的协议,类似于撤销第三十五条的交换条件。最终加纳表示如果达不成这一协议,下半年将不给予日本进口许可[①]。最终,日本只是帮助加纳建立了纺织技术培训中心,既没有约定进出口数目,也没有提供日元贷款。

日本可以接受英法等提出的交换条件,却不肯接受弱小的非

---

① 読売新聞,1962-05-23(朝刊).

第一章　战后日本对非外交的起点及其
　　　　模式的雏形(1952—1973)

洲国家所提出的条件。在1970年关贸总协定理事会上,日本代表更是警告那些继续对日援引第三十五条的国家(以原英法殖民地的非洲国家为中心),或许会被排除于之后即将实行的优惠关税计划之外①。

　　本质上,日本的入关是建立在接受"被歧视"这一前提下实现的。日本对非洲的经济合作很大程度上也是为了消除在关贸总协定这一战后最重要的国际贸易组织中的不平等地位,作为平等的一员真正融入西方经济体系内。将非洲国家置于欧洲势力范围这一认识,一直制约着日本对非外交的展开。1969年底,日美对非洲问题进行交换意见时,日本认为在联合国所受到的来自非洲国家对其南非政策的指责是基于英国的暗示②。也使日本的对非经济合作,此后随着白人世界的节奏进行调整,而迥然有别于对东南亚的经济合作。

小结　融入国际社会的诉求与
　　　　国家身份认同的尴尬

　　20世纪50年代,对于刚刚获得独立的日本而言,最重要的外交课题是回归国际社会、参与国际事务。在开始与非洲接触的时候,日本正在谋求加入联合国,两者的方向是一致的。由于结"旧金山和约"只是日本与西方阵营的讲和,是片面的,仍有大量国家不承认日本,所以日本希望通过加入联合国这一战后国际社会最为重要的国际组织来获得完全的承认。在这样的诉求下,日本不仅需要获得包括非洲国家在内的亚非各国的认可,更需要这些国家的支持,使得其可以突破联合国内大国,如苏联的阻碍,实现入

---

　　① 読売新聞,1970-01-23(夕刊).
　　② 外務省中近東アフリカ局.1969.アフリカ問題に関する日米意見交換会議議事要録.外務省外交記録文書.2009-0683.

联夙愿。而在加入联合国后,日本试图推动联合国宪章修改,初始目的是消除自身战败国身份,成为战后国际秩序中的平等一员。在这一诉求下,日本与试图改变联合国"大国中心"的不平等结构的亚非各国在修宪上有了共同的目标。日本需要这些国家的"多数"支持,以完成修宪这一目的。

同时,在恢复主权后,日本越来越不满在日美同盟中的不平等地位,希望作为日美同盟的平等一员得到认可。虽然成功达成了日美安保条约的修改,日本仍需要为消除附庸国形象而努力。日本力求通过在亚非集团内部"中和"中国影响力的方式,来表明自身是美国的合格"伙伴"。

此外,日本希望通过第二次世界大战之后的西方经济体系来实现经济发展,但是在加入战后最重要的贸易组织关贸总协定的时候,日本仍然是被歧视的。日本为撤销英法等国对日援引关贸总协定第三十五条而持续不懈地努力,以期成为西方经济体系的平等一员。而新独立的非洲国家中,对日援用第三十五条、实施贸易歧视的也并不少见。在让这些国家撤销援引第三十五条的考量下,日本积极展开对这些非洲国家的外交。

归根结底,日本回归国际社会是不完全的,在加入各国际组织后仍处于不平等地位。日本开展外交的总体目标,是作为平等一员实现真正的回归国际社会。这也是在这一时期日本对非外交的重心。由于新独立非洲国家在数量上的优势,在各国际组织中,非洲的支持对日本而言具有很大价值。

但是日本在开展对非外交时,就如同在撤销关贸总协定第三十五条中所表现出的那样,较少顾及非洲自身的诉求,而非洲以外的"第三者"——美、英、法这些国家才是日本展开对非洲外交的首要考虑因素。这与日本对自身国家身份的判断,有着很大的关联性。

日本对非洲的接触开始于第一届亚非会议,对非洲的认识也

第一章 战后日本对非外交的起点及其模式的雏形(1952—1973)

是放置在亚非集团这一框架内。在万隆会议上,日本发现自己与万隆会议其他与会国的格格不入。相比这些国家,日本自认与欧美更具有"同质性"。

日本的尴尬在于,其在经济发展程度上高于亚非国家,自认并不属于其中;但是作为战败国,日本对美国居于从属地位,也并不被西方发达国家所完全接受。就如同处理苏伊士运河危机的会议中所表现的那样,非洲国家与西方阵营存在着对立。日本在非洲与西方阵营对立的政治问题上,当其需要非洲的支持时,就采取低调的"弃权"策略。由于日本当时在西方阵营中被视为无足轻重的国家,所以可以用低调的姿态处理这样的对立;但是,随着其经济的发展,日本在追求成为西方阵营中平等一员时,就必须明确表明自身态度,这样与非洲的根本性矛盾日益明显。

除了少数几个国家,日本在非洲大陆没有太大的经济利益。非洲本身缺乏平衡日本过度偏向欧美白人的足够实力,而日本与非洲地理距离遥远、历史关系浅薄,在对非外交的判断上往往更偏向于以国家身份来认定自己的利益,也即日本自认属于欧美所构成的集团,更习惯于按欧美的视角来考虑其非洲外交政策。

第二章

石油危机与日本对非外交的
调整与发展(1973—1990)

1973年第一次石油危机爆发,日本首次遭遇到了第二次世界大战后最严重的经济危机[①]。日本的外交战略因此经历了一次巨大变更,而对非外交也进行了重大调整。甚至可以说,石油危机是日本对非外交的一大分水岭。

第一节 第一次石油危机与日本外交路线的调整

一、第一次石油危机后的国际局势

第一次石油危机发生之前,美苏正处于冷战的缓和期。迈入20世纪70年代,美国处于实力相对衰弱阶段,与之相对,苏联的综合国力却在逐步走向顶峰。而石油危机的爆发,使美国以及整个西方阵营遭遇到了战后最为严重的经济衰退,实力进一步下降。基于对国际关系和双方实力的认知,美、苏两国都认为彼此之间的缓和十分必要。于是从20世纪70年代初到70年代中期出现了东西缓和现象,对于一些热点争端问题,双方都表现出了较大的克制。

---

① 五百旗頭真.戦後日本外交史[M].有斐閣,2006:166.

第二章 石油危机与日本对非外交的调整与发展（1973—1990）

由于欧洲是美、苏两国的最大利益所在，在欧洲问题上双方几无回旋余地可言，因而将更多目光转向了包括非洲在内的第三世界。1975年，随着最后的欧洲殖民者——葡萄牙退出非洲，非洲安全局势开始恶化。安哥拉陷入了内战，而安哥拉与扎伊尔（现刚果民主共和国）之间发生了军事冲突，肯尼亚与乌干达发生对立。种种事件都显示出撒哈拉以南非洲国家发生了内部分化。在北部非洲，索马里和埃塞俄比亚之间的冲突，又导致"黑非洲"与阿拉伯非洲分化。阿拉伯非洲在西撒哈拉问题、黎巴嫩问题上也开始分裂。整个非洲逐渐成了美苏展开争夺的"试验场"。

1975年，欧洲安全与合作会议的召开把美苏缓和推向了新的阶段。但同年，苏联废除了1972年签订的《苏美贸易协定》，双方在限制战略武器、中欧裁军等问题上的分歧也随之公开化，标志着美苏关系的缓和逐渐走向终结。1977年1月，卡特就任美国总统后，对尼克松政府以来的对外政策实行重大修改，开始重新实行对苏遏制，并大幅度增加军费，大力加强军事力量，对苏政策变得较为强硬。

1979年，随着苏联入侵阿富汗，美苏的紧张对峙再度高涨，东西问题重回世界政治舞台的中心。里根政府上台后进一步强化抗苏立场，强调"以实力求和平"，大力振兴经济，实施"星球大战计划"，以期在经济上拖垮苏联。与此同时，美还坚持在西欧部署新一代中程导弹，苏联为此于1983年11月中断了同美国的裁军谈判。可以说，1980—1984年间，是美苏激烈对抗的阶段。

20世纪80年代初，苏联发生了严重的领导危机。最高领导人的更迭频繁，直到戈尔巴乔夫上台，美苏关系才进入了一个既对抗又对话的新阶段。1985年3月，美苏恢复了日内瓦的限制战略武器谈判，僵冷了多年的美苏关系有所缓解。此时，美国经济在经历了连续几年的增长后，又开始面临严重的财政赤字。与此同时，美国与其他西方国家的经济矛盾也日益尖锐，而与日本的经济矛盾显得尤为突出。日本被认为是在美国主导下的西方经济秩序中,索取得最多而贡献最少的国家,这导致美国对日本的态度越发强硬。

二、日本经济结构调整与外交诉求的转变

进入 20 世纪 70 年代,日本已经成为西方体系的重要一员。1971 年美元危机之后,日本被迫实行浮动汇率,大量美元流入,日本的贸易黑字大增,日美之间的贸易摩擦越发尖锐。此外,1971 年美国在对华政策上的"越顶外交",对自认在是美国在亚洲头号盟友的日本的刺激不可谓不大。尤其是,在基辛格秘密访华后的联合国大会上,日本还与美国一起提交了"逆重要事项"来阻止中华人民共和国地位恢复,然而该提案被否决。对这一系列的挫败,读卖新闻干脆将之称为"日本的噩梦"①。日本政府不得不重新认识变化了的国际环境和自身的国际地位,以修正以往过分追随、依赖美国的路线,探索在战略上发展多边政治、经济关系的自主道路。

祸不单行。此时,日本又遇到了战后"最高级别的国际冲击"——石油危机。1973 年 10 月,第四次中东战争爆发,阿拉伯产油国为了更有效地打击以色列及其支持者,宣布对石油实行减产、禁运、提价、国有化四项措施。由于害怕石油进口被停,日本国内甚至发生了民众哄抢日用生活品,结果导致物价高涨,整个国家陷入了一片混乱之中。这次石油危机,使得已晋升"发达国家"的日本意识到自己仍有可能陷入物资不足的境地。日本认识到在相互依存的第二次世界大战后世界,安全,不仅意味着要避

---

① 1971 年 10 月 26 日联合国大会决定驱逐"台湾当局",恢复中华人民共和国合法地位。日本第一大报读卖新闻从 10 月 29 日起做了名为"联合国与中国"的系列连载,副标题即为"日本的噩梦",足见此事对日本打击之大,以及日本民间对政府外交政策的不满。

第二章 石油危机与日本对非外交的调整与发展(1973—1990)

免外来军事侵略,还要避免因无法进口重要的资源而受到伤害。在国际体系中,金字塔底部的那些拥有资源的中小国家一样可以左右日本的生死。

此前,由于美国对中东地区石油的绝对控制,作为美国的盟友及追随者,日本只需要掏钱,石油供应是得到保障的。而石油危机爆发后,美国自顾不暇,在10月24日,日本的第一大石油进口国沙特阿拉伯宣布,对日本石油供应削减10%,第二天,五家美国石油公司又通知日本,对日本石油供应将削减10%[①]。美国希望日本保持"中立",不要倒向阿拉伯国家,但无法承诺填补阿拉伯国家对日石油禁运所造成的缺口。

对于日本来说,能源的威胁并不亚于军事威胁。美国本身是半个产油国,在对进口石油的依赖上,与日本这样的纯消费国之间有着巨大的差异。日本更为依赖中东的石油供应,与中东的关系也比美国更为脆弱。出于确保资源供应的现实需要,日本不再全盘追随美国,转而选择了"亲中东"的外交路线,采取了以援助换石油的方针。1973年12月25日,欧佩克终于将日本认定为"友好"国家,表示将提供给日本所必需的石油。而第一次石油危机中美国的表现,也使得日本对于完全依赖美国保障国家安全的可靠性产生了怀疑,开始寻求自主性外交,以期达到"综合安全保障"的效果。

第一次石油危机的爆发也促使日本开始产业升级,发展低能耗、高效益的产业。20世纪70年代后半期开始,日本形成对高科技产业,尤其是对半导体、电脑产业的保护扶持政策,最终脱离"中等发达",晋升为成熟的发达工业国家。产业结构的升级,也改变了日本的进出口结构。其高端产品的目标消费群只可能是富裕的西方国家,日本与欧美等发达国家之间的经贸关系因此更

---

① 渡辺昭夫.戦後日本对外政策[M].有斐閣,1975:70.

加紧密。同时,日本对矿产资源的需求也从铁矿、铜矿转向了稀有金属。

二次石油危机之后的1980年,日本这个仅占世界陆地面积2.7%的国家,国民生产总值已经达到美国的一半,约占世界经济的10%。由于自身经济的高速增长与国际环境的变化,第二次世界大战后日本所推行的、单纯追求本国经济繁荣的"一国和平主义"已经达到了极限,需要建设"世界中的日本",承担起经济大国的责任。经济的成功很自然地使日本产生了对与自身经济实力相当的国际政治地位的追求,希望重新在世界舞台上扮演政治大国的角色。日本外交从经济中心主义时代,开始向政治中心主义时代的转变。以经济开路,为实现世界政治大国化而创造条件,成为其后重要的外交方略。

日本的产业升级也使得其产品与欧美的重合度越来越高,开始成为欧美的经济竞争对手。尤其是在日美之间,产生了激烈的经济摩擦。但从第二次世界大战后的历史发展看,日美同盟是日本无法摆脱的约束,日本谋求政治大国化,仍绕不过日美同盟。

第二节 资源诉求与对非外交的调整

日本作为资源贫乏的经济大国,其脆弱性在第一次石油危机后暴露无遗。在其外交战略转向"资源外交"时,对非外交也经历了同样的调整。

一、资源诉求下重视对非外交

在20世纪60年代,日本经历了由煤炭转向石油的"能源的液体化革命",获得廉价而稳定的石油,已经成为日本经济发展的前提。而中东地区,是日本石油最重要的进口来源。

第二章 石油危机与日本对非外交的调整与发展(1973—1990)

所谓的中东地区,除了海湾地区这一世界上石油储量最多、产量和出口量最大的地区外,还包括非洲北部地区。1956年,阿尔及利亚和尼日利亚发现石油后,非洲被探明的石油储量和产量迅速增加。20世纪60年代后,北非的阿尔及利亚、利比亚等国石油产量大增,迅速成为世界主要产油国。

到1974年时,日本的一次性能源消费中,石油占74.4%。而在1963—1972年间,日本进口中东石油占其年均全部进口额的86.8%。在石油危机爆发后,对于日本而言,当务之急是打开与中东各国的僵局,争取被认定为"友好"国家,从而获得稳定的石油供应。

此外,为了防止石油危机再次发生,日本争取扩大进口石油的渠道,并开始从中东地区以外的产油国进口,以减少对中东石油的依赖程度。对日本而言,东南亚地区地理位置相近且是有丰富资源的市场,是分散风险的最佳选择。1974年1月,日本与印度尼西亚签订协议,开发印度尼西亚的苏门答腊北部和加里曼丹东部的油气田。然而,1974年1月,当田中角荣作为日本首相首次遍访东南亚各国时,"欢迎"他的却是反日游行。在1974年11月第九次东南亚开发部长级会议召开前,印度尼西亚与马来西亚明确表示不参加这一日本所主导的东南亚发展会议。日本与东南亚的关系持续恶化,撒哈拉以南非洲随之受到日本重视,被视为有助于分散资源来源风险的资源大陆。

撒哈拉以南非洲蕴藏着丰富的资源。1956年尼日利亚就发现了石油,是撒哈拉以南非洲第一大产油国。1957年法国在加蓬发现石油并开始开采。而在20世纪70年代,几内亚湾沿岸又有许多国家发现石油。撒哈拉以南非洲油田的最大优点在于,靠近大西洋,远离动乱的中东地区。

此外,非洲矿产资源也极其丰富,尤其在中部与南部非洲。非洲拥有可观的金、铁、铜、钻石、锗、钴、镉、锡、锰、铀、钨、铝土矿等。号称"铜矿之国"的赞比亚,北部有一条长 220 千米、宽 65 千米的"铜带"。这条铜带上铜的储量占世界总储量的 11%。非洲是世界天然钻石的主要产区,蕴藏量超过世界总藏量的 90%;稀有金属方面,比如铂,非洲拥有世界储藏量的 90%,而世界 50%以上的铂产自非洲。其中南非是世界最大的黄金储备国、生产国,也是锰储量、铬储量最多的国家,世界上最大的铂族金属蕴藏和生产国[①]。这样,日本有了对整个非洲大陆积极开展外交的最直接动力。

二、积极改善对非关系,换取能源资源供应

(一)积极改善与非洲的政治关系

日本尝试改善与非洲的政治关系,首先体现在首脑外交上。第一次石油危机之前,非洲访问日本的政要有埃塞俄比亚皇帝(1957 年、1970 年两次到访)、马达加斯加总统(1964 年)、扎伊尔总统(1971 年)、毛里塔尼亚总统(1972 年)、喀麦隆总统(1973 年)。日本方面,除了 1960 年皇太子夫妇访问埃塞俄比亚之外,在 1974 年之前,日本的首相、外相等政府要员从未到访过非洲。而日本与非洲各国之间的相互访问几乎没有任何实质成果。

1973 年石油危机爆发后,以副首相三木武夫和海外经济合作基金会会长大来佐武郎为代表的政府高级使节团,踏上了前往八大中东产油国的"乞油外交"之旅,其中也包括埃及。而在 1974 年 1 月上旬,前外相小坂善太郎作为政府特使出访中东地区八个产油国,其中包括北非的阿尔及利亚、摩洛哥、苏丹和利比亚。到了 1974 年 10 月 31 日,木村俊夫外相开始访问加纳、尼日利亚、扎伊尔、坦桑尼亚、埃及。这是日本外相首次正式访问非洲。

---

① 姚桂梅.关于开发利用非洲矿产资源的战略思考[J].西亚非洲,2003(2):53-56.

第二章 石油危机与日本对非外交的
调整与发展(1973—1990)

此外,日本开始采取比较积极的态度回应非洲的一些政治诉求。但日本要拉近与非洲的关系,无法回避的是南非问题。值得注意的是,北非的阿拉伯国家此时也改变策略,对黑非洲开始进行援助。而通过1973年9月第四次不结盟首脑会议、11月的非洲统一组织外交部部长会议以及同月举行的阿拉伯首脑会议,阿拉伯国家与独立的黑非洲国家合成一体,以色列问题和南非问题被视为是同一性质问题。石油输出国组织对南非实行石油禁运,而黑非洲各国则与以色列断绝关系。这样,以北非为链接,非洲与中东团结起来,在共同的"反白人"诉求下进行抗争。

由于美国的关系,日本无法与以色列断交,如果在南非问题上继续无视非洲国家的不满,维持消极姿态,就有可能被赶出整个非洲大陆。1974年6月5日,日本政府宣布停止与南非的体育、文化教育交流。时间刚好在第十一届OAU首脑会议举行的一周前。而此次会议强烈谴责了包括日本在内的与南非保有关系的西方阵营各国,更指责日本违反联合国决议,与罗德西亚进行秘密贸易。7月,日本外务省、通产省以及经济界最主要团体"经团联"组成小型特别委员会,开始讨论实际情况以及相应对策。在访问非洲前召开的记者会上,木村俊夫外相表明会要求南非政府出具出口证明,以证明日本并没有违反联合国对罗德西亚的经济制裁,继续进口该国出产的铬[1]。同年8月1日,日本先于西方阵营各国承认了几内亚比绍的独立。就在一年前的1973年11月,联合国大会通过承认几内亚比绍独立、谴责其宗主国葡萄牙的决议时,日本还投了弃权票[2]。1974年9月的联合国大会上,木村俊夫外相在演说中强调:"再次确认我国反对南非的种族

---

[1] 南アに输出声明要求 木村外相、クロム问题で[N].读卖新闻,1974-10-31(夕刊).
[2] 川端正久他编.アフリカと日本 アフリカの21世纪第4卷[M].劲草书房,1994:318.

歧视、占领纳米比亚以及南罗德西亚的少数白人支配这一历来的基本立场,同时今后也会遵守对南罗德西亚进行经济制裁等相关联合国决议,继续为非洲各国人民能快速达成愿望提供协助。"①

出访非洲期间,在与各国领导见面时,木村反复强调日本的反殖民地主义、反人种主义立场,同时承诺要加强对非洲的经济合作。非洲对日本这一立场转换表示欢迎,但是对日本政府这种"应急处理"也保持谨慎态度②。确实,除了在1971年制定了禁止直接投资法之外,在木村访问非洲前日本都没有采取任何具体的措施来对南非的种族歧视进行抗议。因为南非本身就是日本在非洲大陆最为倚重的贸易对象,日本与南非一国的贸易量几乎等同于与整个黑非洲的贸易量。南非还是日本的矿产资源、特别是稀有金属的最大供应国。

(二) 以经济援助换取能源资源供应

在无法以"与以色列断交""为阿拉伯国家提供军事援助"来达到"友好"国家标准的背景下,日本为了确保石油的稳定供给,必须打开与中东产油国之间的僵局。这时,日本选择了以最擅长的经济援助为中心,开始开展"亲中东"外交。而这一"经援换资源"的外交方针也同样体现在此时的对非外交中。

其实,在石油危机爆发之前,日本已经对非洲开展了一定的经济合作。但是由于日本仍是发达国家中的"小国",由于英法等原宗主国在积极提供援助,希望维持对非洲的战略控制。而且美苏也在非洲展开援助竞争,并不需要日本介入。日本在非洲的经济援助"量力而为",重点置于与自身有经济利益的、对美国而言比较重要的国家,范围并不广泛,态度也并不积极。最大的诉求

---

① 外務省.わが外交の近況(外交青書)1975年版.1975:52.
② 根据读卖新闻报道,在木村访问非洲五国时,对于日本的态度,扎伊尔外交部长表示"还要过些时间再看看"。具体参见:信頼獲得になお時間 外相アフリカ歷訪[N].読売新聞,1974-11-07(夕刊).

第二章　石油危机与日本对非外交的调整与发展(1973—1990)

是为表明自身是美国的合格"伙伴"。

由于20世纪60年代中后期,非洲与欧美的矛盾日渐突出,有了转为支持中国的可能性,从而使得中国有可能凭借中小国家的支持恢复在联合国合法席位。出于对此的担心,美国开始认可日本作为"有色人种"工业国的价值。日本开始比较积极地在反共这一"大义名份"下介入非洲,通过团结尼日利亚、象牙海岸(现科特迪瓦)、马达加斯加等亲西方的国家,拉拢美国无法介入的坦桑尼亚来"中和"中国在非洲的影响。1966年,日本向尼日利亚、坦桑尼亚和乌干达提供了贷款援助。

20世纪70年代初期,日本仍在为阻止中华人民共和国恢复在联合国合法席位四处活动。身处西方阵营的"有色人种"发达国家日本所承担的"反共"责任,最具体目标一直是"中和"中华人民共和国,而日本本身也视中华人民共和国为对手。日本官方在《七一年经济合作的现状与问题点》(后来的《经济合作白皮书》)中分析:由于国际货币体系的动摇,发展中国家成为牺牲者,在1972年的联合国贸发会议上必然会与发达国家进行对决。中华人民共和国恢复席位,就会给予想增加发言权的发展中国家更大的力量,"今后中国作为援助国,作为亚非集团的领袖在国际舞台开始活跃时,会给日本造成巨大压力",所以日本的新援助需要放宽条件,充实"质"[①]。1971年,日本给予刚果5 000万美元贷款用于铁路建设项目[②];1972年给予赞比亚、扎伊尔共计1.5亿美元贷款,也是用于铁路建设。之前日本给予乌干达、坦桑尼亚以及尼日利亚的贷款几乎都用于农业项目,可见,1970年中国开始援建的坦赞铁路对于日本的影响不小。

---

　　① 通商産業省編集.経済協力の現状と問題点(1971)[M].通商産業調査会,1972.
　　② 该项目号称当时非洲最大的铁路项目,连接马塔迪与巴那那港,其结果只有1983年修建完成的刚果河上的马塔迪桥。

1968年,日本超过联邦德国成为资本主义世界第二大经济体,这时候在西方阵营内日本已经不再是"小国",欧美国家对于日本的要求也在日趋严格,增加援助金额被视为一个军事开支一直处于低位的和平国家理所应当承担的责任。1972年OECD发布了中国援助实绩报告,首次对中国的援助进行了总结。而两相比较之下,无论是政府发展援助对GNP的比率,还是援助条件,日本都不如中国。这份报告,某种程度上是对日本援助政策的"敲打"。

但在非洲问题上,日本有自身的利益,而这一时期对非洲增加的援助可视为具有一定自主性。而这种自主性在第一次石油危机爆发后上升到了顶点。

为了应对石油危机,既无法与以色列断交,也无法提供军事援助来向阿拉伯世界示好的日本,决定运用经济援助为外交武器,打开与产油国间的僵局。1973年石油危机爆发后,当年12月三木特使出访中东8国,表明对阿拉伯地区产油国进行30亿美元援助的意图,其中包括给埃及的、用于改造苏伊士运河的1.3亿美元的日元贷款。而在1974年1月上旬,前外相小坂善太郎作为政府特使出访中东地区,其中包括北非的阿尔及利亚、摩洛哥、苏丹和利比亚,并为这些国家带去共计1400亿日元的低息优惠日元贷款。

此后,日本持续加大了对北非地区一些产油国的援助力度。比如对于1974年与美国恢复邦交的北非产油大国阿尔及利亚,在1974年日本的ODA之前一直低于10万美元,而到了1976年增加到329万美元,1977年猛增到1425万美元,1978年继续增加到将近2 000万美元①。

日本对于撒哈拉以南非洲,同样接连不断地承诺提供庞大的经济援助,作为获得资源的回报。从数据上来看,1972年日本对

---

① 本文中所采用的日本对外ODA的相关数据,皆通过外务省官网进行的数据检索获得。具体参见外务省:ODA案件检索[EB/OL].[2013-10-08].http://www.mofa.go.jp/mofaj/gaiko/oda/date/gaiyou/odaproject/africa/index.html.

第二章 石油危机与日本对非外交的调整与发展(1973—1990)

撒哈拉以南非洲的双边 ODA 仅为 505 万美元,1973 年猛增到 1 858 万美元,1974 年增加到 3 635 万美元,1975 年则为 5 907 万美元,分别占 ODA 总量的 2.4%、4.1%、6.9%[①]。其中对产油国、原来的纺织品第一大出口市场尼日利亚的 ODA 从 77 万美元上升到 1974 年的 382 万,再上升到 1975 年的 2 731 万美元,而不产油的加纳则为 41 万美元、39 万美元、199 万美元。此外,还有对扎伊尔、赞比亚这些不产油、却拥有大量矿产资源的国家所进行的大量援助。两相对比可见,在不得不持续扩大 ODA 的过程中,受到 1973 年石油危机的影响,从本身能源、资源的保障出发,日本对非洲的 ODA 在同步扩大的同时,更多流向了拥有能源、资源的撒哈拉以南非洲国家。

出于石油危机后确保石油能源、矿物资源进口的考虑,日本对非洲的经济合作有了明显的扩张,对非 ODA 的增长尤为明显。到了 1976 年,日本对非洲 ODA 回落到了 4 627 万美元,1977 年为 5 826 万美元。1976 年之所以援助额会暂时回落,是由于当时资源市场的情况好转。日本为确保所需资源进口而持续扩大对非援助、积极地开展对非双边关系,就此也告一段落。

由于 1979 年第二次石油危机爆发,日本外相再次踏上了非洲大陆。访问的国家变成了尼日利亚、科特迪瓦、塞内加尔、坦桑尼亚和肯尼亚。这五个国家都是撒哈拉以南非洲国家,其中只有尼日利亚是产油国。对于经历过产业结构调整、并与中东一些产油国维持着良好关系日本,石油危机导致的冲击已经减少许多,而非洲自身的一蹶不振使得南非以外的非洲各国,本身对日本的经济价值开始下降。

这一时期日本对非洲的"资源诉求",越发向非洲"白人国

[①] 外務省経済協力局編.我が国の政府開発援助 1987 年版(下)[M]. 1987:263.

家"——南非聚拢。因为南非可以为日本的高科技产业提供不可或缺的稀有金属资源。由于石油危机的爆发,出于分散风险的需要,日本不得不重新利用煤炭。南非虽然不产石油,却是世界第三大煤炭出口国。这样,南非对于日本的能源保障又有了更大价值。1980年对南非贸易在日本对非贸易总量中所占的比率,出口为36.83%,进口更是高达81.39%。而其他拥有资源的非洲有色人种国家作为日本进口国的地位,开始逐步下降。

日本对非洲的ODA,在1978年后又一次激增,但是导致这次数量扩大的,显然不再是资源诉求。

第三节　世界经济危机与援非责任的形成

第一次石油危机对于西方发达国家造成了严重影响,其中日本受灾最为严重。1974年英国经济增长率为-0.5%,美国为-1.75%,日本则高达-3.25%。在这样巨大的打击下,日本率先做出调整,也率先走出了经济不景气;而欧美各国则陷入了长达十年的"滞胀期"。在这样的世界危机中,经济一枝独秀的日本得到欧美国家认可,拥有了参与世界经济运营的权力,同时也需要承担相应的责任,其中包括援助非洲这一传统的"白人的负担"。

一、政治责任与对非援助的加强

（一）欧美的对非援助传统[①]

"第四点计划",是战后发达国家对发展中国家援助的起点。

---

① 欧美对非洲的援助可参照:杰弗里·萨克斯.贫穷的终结:我们时代的经济可能[M].邹光,译.上海:上海人民出版社,2007;威廉·伊斯特利.白人的负担——为什么西方的援助收效甚微[M].崔新钰,译.北京:中信出版股份有限公司,2008;太平刚.国连开发援助的变容与国际政治[M].有信堂,2008.

第二章 石油危机与日本对非外交的调整与发展(1973—1990)

在1949年1月20日,杜鲁门在其总统就职演说中提出美国全球战略的四点行动计划,其中第四点明确表明向发展中国家提供经济技术援助的必要性。而在这之前,美国正在通过马歇尔计划援助西欧,试图帮助其实现经济复苏。

第二次世界大战使得西欧各老牌帝国实力大减,对于殖民地的控制力不从心,客观上使得战后众多原殖民地得以实现民族独立,成为国际社会的独立一员。这些国家虽然完成了政治独立,却与经济独立相去甚远,经济发展尤其依赖外部资金。在旧的国际体系中,殖民地事务被视为宗主国国内问题,需要宗主国自行加以解决。而这些原殖民地国家的政治独立,也使得发展问题从宗主国的国内问题变成了国际问题。这些国家本身又是资本主义经济体系不可或缺的一部分,西欧的经济复兴、繁荣发展所需要的原料供应、产品销售都离不开它们。

战后的民族独立运动,本身是在东西冷战这一大背景下发生的,也必然受其影响。为了确保新独立国家留在西方阵营内,西方必须证明,在自由主义条件下而不是共产主义条件下,这些国家也即发展中国家实现物质的富足是切实可行的。而从20世纪50年代末期起,苏联开始向社会主义阵营之外的有关国家提供援助,从而形成了与美国展开"援助竞争"的态势。为了抵消日益增强的苏联影响力,美国将其对外援助的重点逐渐转向发展中国家。1961年,肯尼迪总统在第十六届联合国大会上所做的演说中,提议将20世纪60年代作为"发展的10年",可以视为其政策转变的标志。这样,在美、苏两大阵营对立的背景下,任何国家想要获取援助,就必须展现出自己置身于某一阵营的意愿。当然,双方所提供的援助并不仅仅是经济援助,也包括军事援助。为了确保发展中国家留在捐助方所认为的通往富足的正确道路上,军事力量的使用也被认为是必须的。而在本书中,考虑到本书考察对象日本在战后的特殊性,援助将被限定为包括优惠贷款和赠予等形式在内的经济援助。

除了泾渭分明的双边援助外,西方阵营对发展中国家的援助还包括多边援助。英法拥有大量海外殖民地,但在战后对这些殖民地的控制日益力不从心。英法希望能继续控制原殖民地,又希望能将援助这些新国家的财政负担国际化,以减轻自身压力。这样就产生了多边援助。1947年印度独立前后,英国认为这些贫穷的新型独立国家,其发展需要依靠来自外部的开发投资,但这些国家返还本息的能力低,又无法以其可承受能力为条件,从国际金融市场、国际复兴开发银行筹措到资金,于是英国提议设立国际开发协会,以使得发达国家所出资的资金,可以长期、无利息的借贷给发展中国家。在1950年该协会正式成立之前,就已经同意将资金总额的四分之一贷款给印度。而第二大殖民地国家法国,由于面临着其众多殖民地将于20世纪60年代相继独立的现实,为了将自身援助负担国际化,也在1958年主导成立了欧洲开发基金。英法的尝试,在促成了一个个多边援助机构诞生的同时,也使得这些机构在国际援助体系中占据了至关重要的地位。

西方阵营也主导着国际组织的对外援助。联合国系统内最大的无偿资金供给机构——UNDP(联合国开发计划署),其首任开发署署长是原联合国特别基金管理局局长美国人霍夫曼,而副署长则由联合国副秘书长英国人欧文担任。越富裕越有发言权的国际金融组织——世界银行从20世纪60年代开始向发展中国家提供发展援助和发展融资,更在1973年后成了全世界最大的援助机构。1961年,大西洋两岸的发达白人国家成立了"经济合作与发展组织"(OECD),并设立了专门的"发展援助委员会",西方发达国家借此机构协调对外援助政策。有别于双边援助,多边援助更多体现的是西方阵营的整体利益。

据统计,1956—1960年,OECD国家以及日本的对外经济合作(即对外援助)金额达365亿美元,其中日本的出资约为10亿

第二章 石油危机与日本对非外交的调整与发展(1973—1990)

美元,占 3%,居世界第七位。而社会主义阵营各国从 1955—1961 年的对外援助约为 38 亿美元,仅为前者的 10% 左右[①]。显然西方阵营在援助金额上具有压倒性优势。尽管日本也参与到了帮助发展中国家转型的过程中,但战后援助的主体显然是控制着各大国际组织的北美和西欧国家。基于地理、历史以及地缘政治等方面的原因,西欧的发达国家尤其重视非洲,对于非洲的援助也具有更为强烈的"白人"主体性。

1960 年被称为"非洲年",以西非国家为主,共有 17 个非洲国家获得政治独立。而 1960 年 1 月至 1965 年 1 月,总计有 25 个非洲国家获得独立。这些国家的经济极其脆弱,基础设施建设落后,被认为缺乏刺激其经济发展的金融资本,所以对于来自东西方阵营的援助都表示欢迎。

在非洲国家大批独立的时候,美苏也进入了"援助竞争"模式。也就意味着非洲国家要获得援助,必须选择一个阵营或者选择"中立"。非洲殖民地的反宗主国运动,只在极小的一部分国家小规模地进行过。而独立非洲国家中,也只有卢旺达的卡伊班达、肯尼亚的肯尼亚塔、坦桑尼亚的尼雷尔等少数领导人是领导过反殖民运动的。一般,非洲国家的首任最高领导人都是由宗主国所选定的。因此,这些"被赐予独立"的国家在取得政治独立的同时,也将殖民地时代的行政体制继承了下来。而宗主国的殖民地官员,或者继续留在其原来的职位上,或者成为新国家的技术顾问,继续掌握着国家运营的实权。而这一行政体制,本质上是为殖民地时代的经济体系服务的,也就是为宗主国的利益服务的。

对于已经成为"外国"的英法等国,最关心的是自身经济的稳定发展以及其在非洲的既得利益得到保护。于是,援助被打造成

---

① 読売新聞,1962-03-13(朝刊).

实现对非洲进行战略控制的绝好武器。比如法国创建西非各国中央银行、喀麦隆以及赤道非洲各国中央银行,使其货币法郎得以在非洲国家继续存续下去。法国将援助资金暂存于接受国在这些共同银行中的名义账户里。如果有国家采取法国不乐意看到的政策,法国就通过提前到账或延迟到账的方式施加压力。而殖民体系客观上造成了非洲精英阶层的缺乏。各宗主国以及各国际组织,借此以"白人的指导、运营是必需的"为由对非洲进行各种"技术援助"。而这种技术援助又使"白人"掌握行政实权得以长期化。鉴于经济上所存在的这种依存关系,很难说非洲国家可以做到真正的"中立"。非洲国家与宗主国之间的这种密切关系,也使得"非洲=西欧的责任"这一认识有了长期存在下去的客观基础。

在罗斯托的经济发展各阶段理论的影响下,西方阵营认为发展中国家缺乏刺激其国内发展的金融资本,而外国援助是发展中国家获取外国投资并促进经济快速增长的唯一方式。发展中国家则从依附论出发,认为第三世界处于低发展状态的原因,在于殖民主义所造成的经济结构以及不公平的国际贸易体系,使得其在独立后继续受到发达国家的榨取。只要发展中国家出口初级产品,发达国家出口工业品这一贸易结构不改变,发展中国家与发达国家之间的差距只会越来越大。因此,发展中国家普遍选择"进口替代工业化"战略,希望能够实现本国的工业化。但发达国家之所以进行援助,本质上是希望发展中国家继续做国际贸易体系中稳定的原料提供者、产品出口地。所以,在发展援助的最终目标上,西方发达国家与发展中国家有着不可调和的矛盾。

但是,援助所体现的显然是捐助方的意志。发达国家鼓吹自由贸易体系,在比较优势、国际分工理论下,通过国际援助,让非洲的发展中国家采取扩大初级产品生产的政策。在这一政策下,20世纪60年代,援助资金被更为集中地用于基础设施项目,

第二章　石油危机与日本对非外交的
　　　　调整与发展(1973—1990)

比如公路、铁路等的投资上。但直到20世纪70年代初,可供谈论的基础设施项目仍然不多。而这些基础设施的建设,本质上也是为了方便非洲国家的初级产品向西方发达国家出口。

当时西方发达国家认为,通过援助可以实现以国家为单位的宏观经济增长,而通过"滴漏效应"可以惠及普通大众。在战后经济发展的黄金年代——20世纪60年代,发展中国家的整体经济增长超过了平均5%的增长目标,最终达到了5.5%。但是这一经济增长并没有纠正发展中国家的国内产业结构,也没有惠及一般民众。而一味扩大初级产品生产更是此后非洲陷入更加贫困境地的根源所在。

进入20世纪70年代,第三世界运动兴起,东西方意识形态之争让位于南北问题,经济问题逐步成为国际社会最重要的议题。发达国家与发展中国家之间的矛盾日益激化、对立日趋明显。1973年的石油危机又引发了战后西方最严重的经济危机,为了不失去对非洲的战略控制,使得白人国家一度需要有其他国家来分担被视为"白人的负担"的非洲援助。

(二)欧美要求日本分担援非责任

在1975年,首届发达国家首脑会议召开,当时资本主义世界第二大经济体日本也被包括在内。在日本的经济实力得到认可、被允许参与世界经济运营的同时,要求其为平衡世界经济做出贡献的呼声也日益高涨。

由于第一次石油危机的冲击,西方世界在1973—1974年经历了战后最严重的经济衰退。西方各国都在石油危机中受到了深重的打击,其中日本受到的冲击最大,1974年,日本经济下降到了-3.25%[①]。1975年,日本经济走出低谷,当年增长率为2.7%,

---

① 本章经济增长率数据引自:東洋経済新報社.経済統計年鑑(1980)[M].東京:東洋経済新報社,1981.

美英及联邦德国还在负增长中挣扎,法国几乎没有增长,只有加拿大显示出了亮眼的成绩,当年达到 5.5%。也在 1975 年,日本对北美、西欧的收支同时转为黑字,并一直呈现持续扩大的趋势。日本经济的增长,依靠的是强大的出口。而此时,欧美是日本产品最重要的出口市场。日本的黑字,意味着欧美的赤字。欧美各国将日本的贸易黑字视为导致"世界经济失衡"的原因,要求日本将手握的贸易黑字进行"回流",也即"返还"给世界经济体系中的各国。而日本采取的"回流"方式之一就是扩大对外援助。

1976 年,福田赳夫首相在伦敦召开的发达国家首脑会议上做出承诺,在未来的五年,日本的 ODA 5 年将增加一倍以上,由此拉开了日本 ODA 激增的序幕①。此次会议召开前,美国与欧洲各国正在一同对日本施加压力,希望日元进行升值。而福田首相在伦敦的表现受到了其他发达国家的肯定,成功地抵消了对日本的一部分压力。1978 年波恩首脑会议上,日本又表示将所承诺的 ODA 总量倍增的年限从 5 年减少为 3 年②。1977 年日本 ODA 的实际总额为 14.2 亿美元,1980 年则达到了 33 亿美元,超额完成国际承诺。

从 20 世纪 70 年代中期开始,日本对于国际机构的出资逐渐增加,一直达到了日本 ODA 支出的近三成。特别是在 1976 年,日本的 ODA 为 11.049 亿美元,减少了 4 280 万美元,而对世界银行、亚洲发展银行等国际机构的出资达到 3.52 亿美元,增加了 18.4%。在 ODA 总量减少的情况下,对于国际机构出资的增加,意味着双边援助的减少。这种多边援助的增加,似乎可以视为此时日本的援助更具有"为平衡世界经济做出贡献"的一面。

---

① "開発援助倍増"早くもピンチ[N].読売新聞,1977-12-12(朝刊).
② 途上国援助 世銀と協調融資拡大[N].読売新聞,1978-11-12(朝刊).

第二章 石油危机与日本对非外交的调整与发展(1973—1990)

而无论是 ODA 总量的扩大,还是对国际机构出资的增加,在"滴漏效应"下,总会导致有一部 ODA 流向非洲地区。其中,1978年,日本对撒哈拉以南非洲地区的 ODA 猛增到了 1.286 5 亿美元,占到整体支出的 8.4%;1979 年,则跨进 2 亿美元,占到整体的 10.8%,是 1978 年的 1.6 倍;1980 年进一步扩大为 11.4%。而在 1970 年,日本的对非 ODA 只占 2.2%。

那么,在非洲地区,哪些国家是日本 ODA 扩大的最大受益者呢?

从 1973 年开始到 1986 年,日本对埃及的援助,贷款为 3 428.8 亿日元,无偿资金援助为 315.95 亿日元,仅次于印度尼西亚、泰国等,埃及成了日本在非洲最为重要的援助对象,也是中东、非洲地区唯一日本每年提供援助的国家。整个 20 世纪 80 年代,日本对埃及的日元贷款增长率,高于其他任何一个援助对象。同时,在发展援助组织 DAC 中,日本对埃及的援助,仅次于美国[1]。如果说 1973 年开始对埃及的增加援助,是为了表示"亲中东",进而确保自身石油供应的话,之后的持续扩大则是因为,在埃及与以色列和解后,美国加大了对埃及的扶持。特别是在 1978 年《戴维营协议》签署后,日本对埃及的援助开始大幅上升。而在埃及总统萨达特被暗杀后,里根总统立刻向中曾根首相发去亲笔信,要求日本对埃及进行紧急援助。可见,1978 年之后日本之所以加大对埃及的援助力度,本质上是为了配合美国的全球战略。所谓的"为平衡全球经济做贡献",实质上是为西方阵营的"反共"事业做贡献。

截至 1986 年,日本对撒哈拉以南非洲国家的无偿资金援助中,占据首位的同样是美国在非洲的战略要地——苏丹,其无偿资金总额高达 406.63 亿日元。日本虽然无法为西方阵营做出安

---

[1] 小田英郎.アフリカを知る辞典[M].平凡社,1999:89.

全上的贡献,但是得益于其有色人种的身份,可以以经济援助为西方阵营的主体——白人的整体安全做出一定的贡献。而且日本对非洲的援助,并非是为了减轻西欧的负担,而是为了分担"亲·盟友"——美国的负担。这一点,在对坦桑尼亚的援助中体现得更为明显①。

这种"为平衡世界经济做贡献"的对非援助,到了第二次石油危机后更加明显。1979年7月,在第二次石油危机爆发后,时隔五年后,日本的外相再次访问非洲。园田直外相此时访问的国家变成了尼日利亚、科特迪瓦、塞内加尔、坦桑尼亚和肯尼亚。这五个国家都是撒哈拉以南非洲国家,其中只有尼日利亚是产油国。可见,对此时的日本而言,开展非洲外交的主要目的已不是获得石油的稳定供应。而在1979年的联大会议上,园田直外相的演说重点是亚洲,非洲被摆在相当后面的位置。在1980年的《外交蓝皮书》中,园田外相对于此次非洲5国出访,只写了一句"在增进相互理解和加强友好合作关系上取得巨大成果"②。显然,非洲对于日本自身,并不具有太大的价值。

日本之所以积极开展对非外交,可视作其基于对当时国际局势的判断,从西方阵营的整体利益出发,通过承担对非洲的援助,分担欧美的资金负担,进一步做出与其世界经济大国地位相匹配的国际贡献。日本虽然在第一次石油危机中受灾严重,却通过正确的政策调整,取得了高于欧美的经济增长。1973—1979年,日本的年均增长率为3.8%。高于美国的2.8%,更高于OECD平均2.6%的增速。在第二次石油危机后,日本仍旧第一个走出经济衰退,在西方阵营中一枝独秀。而园田所访问的5国中,除了坦桑尼亚外,其余4国都是向来被日本视为"稳健派"的亲西方国

---

① 具体参见第五章。
② 外務省.わが外交の近況(外交青書)1980年版[M].1980:178.

第二章　石油危机与日本对非外交的调整与发展（1973—1990）

家，其中科特迪瓦更是在第一次石油危机后，最早表示要和西方在非洲的战略要地——南非改善关系的"黑非洲"国家。而坦桑尼亚则是西方阵营一直希望拉拢的重要国家。

虽然，本质上日本的对非援助是用来解决与欧美之间的贸易摩擦，但归根到底仍与日本的切身利益相连，尽管在表面上显得极其"利他"；而且日本言而有信，确实落实了自己的承诺，也在一定程度上改善了自身在西方阵营中的处境。而随着对非援助的扩大，日本在非洲的形象得以改善也是自然。

1978年，日本在竞选联合国非常任理事国时输给了孟加拉国，1980年再次竞选时，却得到了147张有效票中的141张，有史以来第一次以最高票当选为非常任理事国，而在此前虽然有过4次当选，但日本都是最后一位[①]。日本的高票当选离不开非洲的支持。如此高的支持率，一定程度上说明当时日本在整个国际社会中的形象甚好。这一美好形象，离不开日本的资金贡献。日本在做出资金贡献的同时，还提高了自身在国际社会中的地位。

然而1986年，日本再次竞选非常任理事国时，又差点落选。此时，日本对非洲的援助并没有减少。在1985年，非洲还超越了中东、中南美地区，成为日本对外援助中仅次于东亚的援助区域。但援助却不起作用了，日本失去了非洲的选票支持。当时，非洲各国与南非的关系日益恶化，对日本与南非之间的紧密关系感到反感。但是，日本对南非的态度，与美英法联邦德国等相比，并没有多大不同。此时，日本也还没有取代美国，成为南非的第一大贸易对象。日本的形象之所以会恶化，离不开欧美各国在背后的"推波助澜"。此时的南非问题，同样是欧美用来"敲打"日本的利器[②]。

---

① 日本、安保理事国に　国連総会最高得票で復帰[N].読売新聞，1980-10-21(夕刊).
② 关于南非问题，在第五章中有详细论述。

之所以会发生这一状况,是因为日本自20世纪70年代后半期开始的、以援助等方式,使得手里的贸易黑字"回流"的尝试并没有取得成功,反而日本手握的贸易黑字越来越多。与此产生明显对比的是,欧美各国迟迟无法从滞胀中恢复,面临着高赤字、高失业率。加上20世纪80年代初期的"新冷战",欧美在自身经济困难的时候还要承担大量的军事开支。而"和平国家"日本却不用承担这一责任。于是,欧美认为日本的繁荣是建立在"免费搭乘安全车"之上,对日本也越发不满。随着1985年东西阵营再次缓和,经济问题又成了西方阵营的主要议题。而与日本的贸易摩擦问题又成了西方阵营的核心问题。1985年,在当年的OECD部长理事会上,欧共体与美国一起指名谴责日本的贸易黑字,要求已经成为"经济大国"的日本为稳定世界经济承担责任。

日本再次以扩大ODA来应对对自身巨大贸易黑字的攻击。在1987年6月的伦敦七国首脑会议上,日本再次做出承诺。日本将ODA的中期目标定为到1990年扩大至76亿美元以上,还承诺大幅改善长期受到诟病的ODA质量,在援助方面承当经济大国的国际责任。而非洲再次受惠于此。20世纪80年代后半期,日本对于非洲开发银行和非洲开发基金出资增加为域外加盟国中的第二位、第一位。世界银行在1985年7月至1988年6月三年设立的"撒哈拉以南非洲特别基金",在"对撒哈拉以南非洲地区的特别贷款"的直接捐赠以外,向联邦德国、日本、瑞士、英国、沙特阿拉伯、比利时进行特别融资[1]。日本积极参与其中,截至1987年6月已经为该基金支付了447亿日元,自1986—1989年,对非洲的11个国家提供了333亿日元[2],为欧美主导的援助

---

[1] 该融资采用国际开发协会和捐款国直接协商的安排,用于符合"特别贷款"资格的国家,也就是推进结构调整的国家。

[2] 川端正久他編.アフリカと日本 アフリカの21世紀第4巻[M].勁草書房,1994:318.

第二章 石油危机与日本对非外交的调整与发展(1973—1990)

新潮流——结构调整,做出了贡献。

日本仍旧延续福田时期的做法,将包括对非援助在内的对外援助作为"回流"贸易黑字的重要手段,希望将自己从被人厌恶的顺差国变成受人喜爱的顺差国。但是欧美不认为援助可以从根本上解决彼此间的矛盾。先是要求日元升值,1985年广场协议签订后日元急速增值。但美国对日本的贸易赤字也没有减少多少。日美间贸易摩擦越发尖锐,日本即使自主限制出口也无法解决问题。于是,美国又开始要求日本进行经济结构调整。

随着冷战临近尾声,日本与欧美之间的贸易摩擦越发白热化,日本在国际社会中的处境也越发艰难。尤其是1987年5月,美国以东芝机械向苏联出口高技术,违反巴黎统筹委员会规定为由对东芝进行制裁。这一举措,进一步强化了日本"为了追求经济利益,哪怕损害西方整体安全利益"的自私形象。曾经为日本带来地位提升的援助,此时已经无法为改善日本的处境做出多大贡献。

到了20世纪80年代中期,美国政府特别指定非洲,要求日本政府扩大援助[①]。在1987年西方首脑会议上做出ODA翻倍的承诺之前,中曾根康弘首相在4月到访美国。在与里根的会谈中,中曾根表示,从1987年开始的3年间,日本将通过政府与民间渠道,共同向发展中国家提供200亿美元的援助,而对于非洲各国这些最不发达国家则将积极实施"无项目"援助。

可以说,20世纪80年代中后期,正是美国的压力,使得日本不得不维持、扩大对非洲的援助。而此时,日本的对外援助,特别是对非援助,少了之前的"从容",更加像是对美"外压"的一种反应。1973年第一次石油危机之后,日本以一种比较积极的姿态

---

① オアー、ロバート・M.日本の政策決定過程—対外援助と外圧[M].東洋経済新報社,1993:156.

迎接世界经济危机的挑战。而到了20世纪80年代中后期,日本又回到了被动应对美国压力的老路,其谋求"自主外交"的尝试,就此告一段落。

二、DAC与日本在援非模式上的博弈

虽然日本对非洲援助的增加是在为西方阵营,也即是为欧美国家做贡献,但是对非援助也成了日本对非外交的主体模式。在援助非洲的具体方式上,日本尝试在非洲施行自身的援助方式,却受到以DAC为首的各方的再三批评,日式援助被视为不符合"白人标准",被要求进行改进。在被动的修改中日本也曾探索过主导对非援助的可能。

一般认为,1954年参加科伦坡计划是日本对外援助的开端。日本官方并不用"援助"一词,而是使用"经济合作",比如通产省在1958—1978年发表的《经济合作白皮书》中凡是涉及"对外援助"的皆用这一概念。由于战后日本对于东南亚各国的援助是作为战后赔偿的补偿形式而实施的,确实难以冠以"援助"之名。日本先后与缅甸、菲律宾、印度尼西亚及南越签订了赔偿和经济合作协定,提供技术和经济援助。

从具体措施来看,"经济合作"这一用词更为明确地定义了日式援助的特色。日本的"援助"并不像主流援助方式那般以无偿援助为主,而是以项目来提供日元贷款为特色,附加各种条件,本质上是用以促进日本的对外"通商"。所谓日式援助,就是通过将"援助、贸易、投资"进行有机组合,实现三位一体的模式。

1955年12月,鸠山一郎内阁制定的《经济自主五年计划》把"振兴贸易"列为基本政策之一,"贸易立国"战略正式形成。《日美安保条约》签订与战后新宪法的存在,否定了日本在对外关系上运用军事手段的可能性。日本只能运用经济外交手段推行国策,而对外经济合作无疑也是为此目的所服务的。通过对东南亚

第二章　石油危机与日本对非外交的调整与发展(1973—1990)

各国的经济合作,日本不仅恢复了与东南亚各国的外交关系,更确保了稳定的原料供应基地和出口市场。贸易也是日本对非洲进行经济合作的开端。日本对东南亚的经济合作模式无疑也是日本对非洲实施援助时的参照。然而日本在非洲推行日式援助却受到了来自"白人"援助集团的巨大压力。

1960年3月,日本在美国的支持下加入了发展援助委员会DAC这一"白人援助集团"的前身——发展援助集团(Development Assistance Group)。随着DAG在1961年转型成为DAC,日本也成了DAC的一员。但直到1964年,日本才成功加入DAC的母体——OECD,也意味着日本这才算真正进入了发达国家的行列,成了"白人集团"的一员。显然,援助规则在日本加入前已经存在,而此时日本还未成长为经济大国,也不被视为原本只是大西洋两岸所组成的"白人集团"中的平等一员,无法参与援助标准的制定过程。DAC将日本的对外经济合作视为对外援助,按照自己的标准进行评判,自然是指责多于赞扬。客观上而言,对于受援助国,DAC的主流援助模式确实要比日式援助有利,所以发展中国家也多以DAC标准来批判日本的对外援助。

早在1964年,DAC在对日审查报告中就已经严厉指出,日本的援助额有悖于DAC逐渐增加援助额的基本方针,正在逐渐减少[①]。同年,DAC主席索普在访日时,批评日本对于发展中国家援助的总额、利息等援助条件,认为日本所定的利息太高,还经常以商业条件进行援助,日本应放宽援助条件[②]。

当时,日本仍是经济小国,仍在为成为欧美那样的成熟发达国家而努力。在这样的批评下,1965年日本的对外援助量有了很大扩展。政府与民间相加,总的对外援助支出为4.858亿美元,大

---

① 読売新聞,1964-07-15(朝刊).
② 読売新聞,1964-08-24(夕刊).

大高于 1964 年的 3.038 亿美元。在这样迫于外压不得不对对外援助进行扩充的背景下，有一部分资金流向非洲也是自然。最明显的例证是日本自 1966 年开始，开始对非洲国家提供日元贷款。

日本对于来自 DAC 的批评，专注于通过扩大对外援助的资金绝对额来应对，对日本的这种扩大金额的做法，DAC 在表示欢迎的同时，仍根据资金对 GNP 的比率批判日本。评价对 GNP 的比率，即 ODA 占援助国国民生产总值（GNP）的比率，是 DAC 评判成员国援助额的一大指标。根据 1961 年肯尼迪总统在第十六届联合国大会上所做的演说以及其后通过的联大决议，DAC 呼吁其成员国达成的对外援目标被定为对 GNP 的 1%[①]这一数值上。1966 年，日本对外援助的对 GNP 比率从前一年的 0.71% 下降到 0.69%，远低于 DAC 所呼吁的 1%。虽然日本的出资额一直在增加，但对 GNP 比率不仅少有达到 DAC 建议的时候，还经常低于 DAC 各国的平均数目。结合该时期日本经济的高速增长，日本的对外援助与其日益提高的经济大国地位更显得不相称，自然也被 DAC 不断诟病。

1969 年之后，DAC 干脆把更受发展中国家欢迎、条件更宽松的 ODA，也即官方发展援助[②]单列，使得倾向于"官民一体"进行贷款的日本式对外援助压力大增。比如 1970 年的《经济合作白皮书》显示 1969 年上升至第四大捐助国的日本，ODA 比率只占 34.5%，低于 DAC 平均的 49.7%[③]。而 1970 年，DAC 各国决定将 GNP 的 1% 作为援助目标，将 ODA 增加到 GNP 的 0.7%。

---

① United Nations, 1961, A/RES/1710(XVI).

② 官方发展援助或称政府开发援助（Official Development Assistance, ODA），作为发达国家（经合组织国家）对发展中国家提供的大规模经济援助中，赠予比率不低于 25%。

③ 本章采用的《经济合作白皮书》皆来自与日本外务省官网所公开的历年 ODA 白皮书。具体参见：外務省. ODA 白書，参考资料集，年次報告［EB/OL］. 2013-10-08. https://www.mofa.go.jp/mofaj/gaiko/oda/shiryo/hakusyo.html.

第二章 石油危机与日本对非外交的
　　　　　调整与发展（1973—1990）

参加会议的日本代表爱知揆一外相则表示，1975年前达到1％对日本而言并不现实①。

　　1971年的《经济合作白皮书》显示1970年日本的对外援助上升到18.24亿美元，在DAC中上升到了第二位。虽然对外援助对GNP的比率从1969年的0.76％上升到0.93％，越发靠近1％，然而ODA只占GNP的0.23％，在DAC 16国中仅列第13位。1972年日本的ODA继续增加，但是OECD的审查报告指出，1972年日本的援助实际成绩，比1972年所接受的联合国贸发会议上所决定的目标大幅下滑，对GNP只有0.21％，还低于1971年的0.23％。于是1973年日本的ODA大幅增加为10.1亿美元，对GNP从0.21％上升到了0.25％。虽然DAC中大多数国家从没实现过ODA达到占GNP 0.7％这一目标，但DAC的平均数一直在0.7％的一半左右徘徊，而日本却从没有到达过这个平均数。

　　除了用对GNP比率这一指标来批评日本外，DAC不断要求日本改善对外援助的"质"。与日本援助非洲最直接的关联，来自DAC对日本援助地域分配的指责：认为日本的对外援助偏重东南亚国家，而对于以非洲国家为主的最不发达国家的援助过少，而日本则认为对东南亚的人均援助额少于其他地区。1971年，日本对外援助的98.4％集中于亚洲，而到了20世纪70年代后半期，则稳定在60％—70％。1985年之后对非洲援助超过对中南美、中东的援助，仅次于对亚洲的援助。在这一点上，日本确实有了很大改进。但是数据也显示，1987年欧洲与美国仍是非洲最大的捐助国。日本在1987年成为29个国家的最大捐助国，其中只有4个非洲国家。

　　DAC将对集中了大量最不发达国家的非洲所进行的援助，包装为"慈善"事业，从道德的高度指责日本的援助方式。特别是西

---

① 読売新聞，1970-09-14（夕刊）.

欧各国，虽然其对非洲的援助存在有一些问题，但资金稳定，大部分为赠予，比如欧洲发展基金的对非援助几乎都是赠与。对于非洲国家而言，西欧的援助条件确实更加有利。这样，DAC对日本的批评也得到了非洲国家支持。20世纪70年代两次石油危机的冲击下陷入经济困境的西方，其援助重点逐渐转向了更为基础性的贫困问题，对解决贫困问题所做的援助占比，从70年代末的5%增加到了80年代初的50%。

直到1968年出资肯尼迪回合粮食援助（为应对发展中国家粮食不足问题），日本才正式开始提供无偿资金援助。1972年日本决定原则上接受DAC的建议，提供赠与为主的长期低利息贷款，援助指标GE中的赠与率（Grant Element, GE），从1969年DAC建议的76%提高到84%（对于非洲国家为中心的25个最不发达国家GE增加到86%）。1973年日本经济援助总计为5.84亿美元，占GNP的1.42%，首次达成对GNP 1%这一国际标准，成为第六个达成1%的捐助国。但是援助中的赠与率为67%，低于DAC平均的86.7%。ODA为1.01亿美元，对GNP从0.21%上升到了0.25%，ODA内的赠与率虽然从1972年的33%上升到了40%，但仍远远低于DAC64%的平均值①。根据OECD历年的报告，基于ODA中的赠予率进行排序的话，直到冷战结束，日本持续保持在DAC最后一名的位置上。在冷战结束后，日本对外ODA中日元贷款仍是主力，如1992年日元贷款占到55%，无偿技术合作为25%，无偿资金援助仅为20%。

在回应DAC对日式援助批评的同时，日本对非洲的援助仍在一定程度上坚持着自己的特色。对于拥有资源的国家，如尼日利亚、赞比亚，日本仍然坚持以日元贷款为主。至1986年为止，

---

① GNP1%超す　政府ベースは達せず　途上国援助　一気に倍増[N].読売新聞,1974-06-07(朝刊).

第二章 石油危机与日本对非外交的调整与发展(1973—1990)

对资源大国尼日利亚的日元贷款为401.00亿日元,无偿资金援助只有22.85亿日元,技术合作也只有40.12亿日元。对于赞比亚也是日元贷款为495.5亿日元,而无偿资金援助为193.74亿日元,技术合作为56.7亿日元。这就使得日本对非洲的日元贷款高度集中,排名前10的国家集中了总额的81%。而无偿资金援助因为面对的是"最不发达"国家,接受国家比较多,前10位只集中了62%[①]。日本将对非洲的援助,按照各国的"能力"进行了分类,希望在DAC的巨大压力下仍能保有日式援助的"谋利"本质。

随着非洲经济的进一步恶化,援助最不发达国家的农业开发成了日本援助非洲的重点。无偿资金援助被大量用于粮食援助以及一般农业关系援助、粮食增长援助等。1986年日本整个对外双边ODA中无偿资金援助只占22%,对非洲的ODA中无偿资金援助却占据50.6%,加上技术合作的16.5%,对非洲的援助中赠予率的部分占到67.2%。20世纪80年代日本对撒哈拉以南非洲地区援助中的赠予率,1980年为38.7%,由于当时非洲所面临的大干旱,该比率持续上涨,最高的1984年为82.3%,其他时间则一直维持在60%—70%。而在冷战结束后,对于非洲地区的ODA中日元贷款的部分进一步下降,如1992年只占到20%,无偿资金援助占到64%,技术合作为16%[②]。虽然成因各不相同,但从结果来看,对于非洲地区的ODA与对其他地区的ODA极其不同,日式特色逐渐向欧美统一标准靠拢。而在整个对外无偿资金援助中,无项目无偿资金援助与粮食相关援助分别占28%、26%,是最为重要的部分[③]。

---

　　① 平野克也.アフリカ援助と地域自立.南部アフリカポスト・アパルトヘイトと日本[M].勁草書房,1994:127.
　　② 川端正久他編.アフリカと日本 アフリカの21世紀第4卷[M].勁草書房,1994:318-323.
　　③ 川端正久他編.アフリカと日本 アフリカの21世紀第4卷[M].勁草書房,1994:318-323.

至于技术合作,数据显示,1989年1月在撒哈拉以南10国的日本青年海外合作队队员共有566人,占全体的31.5%,超过亚洲的27%,加上北非的突尼斯、摩洛哥,则整个非洲地区比率为36.97%。显然对非洲的技术援助大大超过了亚洲,更符合DAC的主流标准。

而美国仍是日本援非模式发生变化的主要推手,虽然DAC从日本加入时起就在敲打日本,但日本可以一直"屡教不改",最重要的原因在于美国的保护。日式援助的特色是日元贷款,如1965年日本的对外援助中,60%为日元贷款,而且主要是以"项目贷款"方式,即对发展中国家经济发展有用的设施建设为对象实施,此外还包括以1965年印尼经济危机供给紧急援助为开端的少部分"商品贷款"。但是所谓的日式援助,其方式与战后初期美国的援助方式有极大的相似性。

美国开始对外援助时以大规模项目援助为主,援助的一大目的在于确保美国的出口,比如1954年根据《农业贸易开发援助发》开始对外粮食援助,首要目的就在于扩大美国农产品的出口市场。美国的对外援助也经常带有条件,要求受援国从美国企业筹措项目相关的产品和服务。日式援助本质上也是如此。日元贷款同样带有条件,要求受援国必须从日本企业筹措所需的资金与服务。而在利息与年限上,日元贷款确实比较严苛。1965年,由于特殊关系,日本对给予韩国、中国台湾地区的日元贷款收取3.5%的利息,而对更困难的印度、巴基斯坦的利息则是5.75%。然而直到1969年,日元贷款的平均利息仍为3.66%,高于DAC平均的2.8%,返还时间更比平均时长短8年。

DAC的西欧部分虽然也有法国这样坚持带条件援助[①]的中

---

① 根据读卖新闻报道,1970年首次在东京举行的DAC高级别会议上,由于法国反对取消带条件援助,最后达成协议,向亚洲开发银行等国际机构出资废除带条件,而对双边政府间贷款的表述则为"大多数国家同意"。

第二章 石油危机与日本对非外交的
调整与发展(1973—1990)

坚力量存在,却坚持不懈地指责日本的这种附带条件的援助,督促日本改正。有些发展中国家拿欧美的援助去还日本的日元贷款,不仅 DAC 不满意,受援助国家也不满意。1972 年,日本接受 DAC 批评,修改了《出口基金法》《输出银行法》,1973 年 DAC 通过了对发展中国家实施无条件双边政府贷款的备忘。基于这一备忘,1975 年 1 月开始,日本对外日元贷款原则上应该无条件对发展中国家提供。但是直到 1978 年,日元贷款的无条件比率才有了上升,1978 年为 46%,79 年上升为 60%(基于双边协议)①。

美国的政策转换,是日本的贷款无条件化得以落实的最重要因素。受困于自身经济以及越南战争,美国不再承担以大型开发为主的援助政策,转而提倡小规模、廉价的发展项目。1973 年,美国修改《对外援助法》,援助重点转向关注最贫困者,关注"人的基本需求"。由于经济不景气,在美国的影响下,DAC 进行了援助政策转换,也开始关注起"人的基本需求"。1975 年,美国通过了《国际发展和食品援助法案》,其中规定,和平项目中 75% 的食品援助要划拨给人均收入低于 300 美元的国家。这样,美国的对外援助开始进一步偏向集中了绝大多数最不发达国家的非洲。卡特政府上台后,更加关注"人的基本需求",将人权问题与援助挂钩,美国对于带条件的援助更加敏感。1977 年,驻日美国大使麦克·蒙斯菲尔德在与福田首相就贸易问题进行会谈时提出,美国希望日本逐渐终止实施带条件的援助。此后福田与卡特在贸易问题上就援助所能起的作用达成一致,在 1978 年的日美共同宣言中明确了为应对日美经济贸易摩擦,将推进日元贷款的无条件化。

而所谓"满足人的最基本需求",本身涉及发展中国家国内分配、贫困问题,就很容易联系到该国国内不平等的社会经济结构,

---

① 平野克也.アフリカ援助と地域自立.南部アフリカポスト・アパルトヘイトと日本[M].勁草書房,1994:127.

被视为发达国家由此介入发展中国家、干涉其内政的借口,目的是让发展中国家将注意力从国际转向国内①。20世纪80年代累积债务问题成了南北问题的主要课题,发展中国家整体经济持续恶化,非洲尤其严重。深受新自由主义思想影响的西方阵营,其援助重点转向了结构调整。非洲国家必须接受以自由市场为解决发展问题的方案,也即将政府主导的经济运营改为民间主导才有可能得到"财政支持"形式的援助资金。而世界银行与国际货币基金组织这两个并不中立、明确体现捐助者意志的国际机构,成了援助非洲的最重要行为体。1973年,成为国际社会最大的援助提供者的世界银行,掌握了国际社会对非洲援助总金额150亿美元中的120亿美元资金②。对于任何非洲国家而言,若不严格按照世界银行的"经济结构调整计划"进行资格申请,就意味着无法得到最急需的财政援助——援助成了干涉内政的最有效武器。

　　日本也随之进行调整,自行在双边援助中,采取对进行经济结构改革的发展中国家实施无偿援助的措施。1987—1989年,日本开始实施第一期5亿美元的"无项目无偿援助",对于同意按照世行、IMF标准进行结构调整的发展中国家,作为紧急时刻对必需的进口商品进行支付的货款支援进行提供,而第一期的实施对象更是限定为非洲国家,第二期时才增加了亚洲以及中南美国家。冷战结束后,更是以不符合民主化为由停止了对喀麦隆的援助,以人权问题、腐败问题停止对肯尼亚、扎伊尔、苏丹的援助,充分暴露了其对非援助的本质。

　　日式援助一向标榜不干涉内政③,然而这种所谓不干涉内政,

---

　　① 具体参见:大芝亮.経済発展と人権・民主化.国際政治経済・入門[M].有斐閣,2003:176-177.
　　② 贺文萍.美国在非洲的"人权外交"[J].西亚非洲双月刊,2001(4):34.
　　③ 服部正也.援助する国、される国—アフリカが成長するために[M].中央公論新社,2001:40.

在非洲却逐渐倒向了 DAC 的统一标准,这在冷战后表现得更为明显。

三、粮食开发与对非事务主导权的谋求

整个 20 世纪 80 年代,日本与美国、西欧的贸易摩擦不断加剧,一方面也反映出当时日本强大的经济地位。在 1980 年欧美陷入滞胀,迟迟无法从石油危机导致的经济危机中恢复过来的年代,日本在不断做出经济"贡献"的同时,也开始了对成为"政治大国"的探索。救助非洲的灾荒、饥饿,为日本提供了一次通过援助非洲,主导非洲事务进而摸索政治大国路线的机会。

(一)积极应对非洲干旱、尝试主导对非援助

20 世纪 80 年代初,日本第一个脱离第二次石油危机。在日本欣欣向荣的同时,西欧和美国正受困于国内经济,特别是对北非渗透很深的西欧国家陷入滞胀,无法顾及非洲,于是日本被希望承担更大的责任。20 世纪 80 年代,日本外相访问非洲次数增多,出访则集中于北非地区,地区大国埃及尤其受到重视。1980 年 12 月,伊东正义外相访问埃及;1981 年 10 月,园田外相参加埃及萨达特总统葬礼;1984 年 11 月,安倍晋太郎外相访问赞比亚、埃塞俄比亚、埃及;1987 年 6 月,仓成外相访问摩洛哥;1988 年 6 月,宇野宗佑外相访问埃及。除外相外,运输相、藏相、通产相、农水相也相继访问北非各国。日本对非外交的主线是配合美国的战略,但其中也有例外。1984 年 11 月,安倍外相出访非洲,之所以在埃及以外选择了赞比亚与埃塞俄比亚,与 20 世纪 80 年代初日本尝试在救济非洲旱灾中寻求对非援助的主导地位不无关系。

1979 年之后,撒哈拉以南非洲发生大旱灾,非洲全境约有 2 000 万人受到影响。加上埃塞俄比亚与索马里的边境冲突、津巴布韦独立战争等,难民数量随之增加。1980 年联合国粮食及农业组织 FAO 以筹集 270 万吨粮食为目标,呼吁各国给予协

助。1980年日本对非洲的粮食援助总额为3 775万美元,是前一年的一倍以上。日本之所以如此积极,一方面在于日本刚好从1979年开始,需要在5年内处理掉480万吨多余大米;另一方面1980年的粮食援助会议上,日本做出了如下承诺:每一收获年度,日本将向发展中国家供应以美元计价的、相当于3万吨小麦的粮食援助。

1978年后,日本对非洲的ODA激增。这时候,非洲又开始同时经历战乱和饥荒折磨,在国际政治中地位急速下降。陷于困境中的非洲各国,对于正在走向鼎盛时期的世界"经济大国"日本抱有一定的期望也是自然。因此,在20世纪80年代,有不少的非洲首脑访问了日本,且大多数来自撒哈拉以南的非洲地区,具体包括赞比亚的卡翁达、坦桑尼亚的尼雷尔、津巴布韦的穆加贝、尼日利亚的奥巴桑乔、肯尼亚的莫伊、埃及的穆巴拉克、加蓬的邦戈,以及冈比亚、几内亚比绍、莫桑比克、尼日尔、科摩罗、苏丹、塞内加尔、多哥等17国共计20位首脑。20世纪80年代,与日本有外交关系的非洲51国中,有42国总计200位部长级官员到访日本。而日本在1980年"风光"当选联合国安理会非常任理事国,也离不开非洲的支持。

日本一开始还是以一种"应激反应"的方式,开始对非洲旱灾的救援。而到了1984年时,当时国际社会对非洲的关心更加高涨。考虑到当年在伦敦举行的七国首脑会议上会涉及非洲问题,1984年秋天,在外务省的积极运作下,日本在国内开展了"非洲月"活动①,并向国内外展示日本正在积极应对。1984年11月,在安倍晋太郎外相视察完非洲北部受灾地区后,日本政府表示决定追加4 800万美元的援助。这是在美苏、欧共体相继实施

---

① アフリカにもっと理解を 外務省が28日から"月間"[N].読売新聞,1984-09-17(朝刊).

第二章　石油危机与日本对非外交的
　　　　调整与发展(1973—1990)

紧急援助背景下追加的援助,但不可忽视的是,安倍外相的此次埃塞俄比亚之行,是西方发达国家中首位对非洲北部饥荒地区进行访问的部长级别高官。

出访前,在9月的联合国大会上,安倍在其演说中强调了非洲问题的重要性,其为自己的出访所给出的三项理由是:"1. 支援饱受饥饿的非洲难民、实施非洲月、派遣官民共同实情调查团等,进一步发展重视非洲的外交。2. 必须回应非洲各国对日本的期待。3. 获取非洲的信赖,有助于提高日本的国际话语权"①,明确了援助非洲与日本政治地位提高之间的关系。安倍的此次出访本身就是日本对主导非洲旱灾救济进行的一次尝试。因此,对于此次出访非洲,安倍也做了一定的安排。比如出访时安排装载1.5吨援助物资的特别飞机同行,直接将这些物资交由受灾最严重的埃塞俄比亚,而非按照惯例,通过国际机构赠予。

安倍在访问完非洲三国后,表示日本接下来的方针是利用一切机会号召世界各国一致应对非洲严峻的粮食、经济危机②,进一步表现出日本谋求主导非洲援助的意图。1984年、1985年连续两年,在参加联合国大会期间,安倍在纽约室内饭店举行午餐会,招待阿尔及利亚以及埃及等45个非洲国家的外交部部长、驻联合国代表。在联合国以外,1984年3月,外务省招待了莫桑比克外交部部长访日,开始尝试与社会主义政权展开对话,希望以促使莫桑比克离开苏联做出贡献。

1983年、1984年是日本与非洲关系最为顺利的时期,日本的对非援助在各国际机构中得到了回报。1984年第三十九届联合国大会在讨论首要议题"非洲的危机性经济形势"时,"非洲国家

---

① 外相国連演説　アフリカ歓迎[N].読売新聞,1984-11-02(朝刊).
② 国連で外相アピール　安倍外相、積極働きかけへ[N].読売新聞,1984-11-23(朝刊).

一致希望指定日本为调解员"①,而日本是极少在联合国大会的主要议题中担当调解员的。在西方发达国家会议上,援助非洲也成了日本展现国际贡献、抵御当时越演越烈的"繁荣孤岛""经济动物"等指责的好案例。比如在 1985 年的西方首脑会议上,在谈到援助非洲问题时,中曾根首相提出日本除了各种资金合作外,还提供了 170 万条毛毯②。而"向非洲捐赠毛毯"活动本身,是联合国儿童基金秘书长在 1984 年 11 月 30 日访问日本时,在与安倍外相的会谈中所提出的。秘书长请求日本为该基金募集总额为 6 700 万美元的非洲紧急援助计划,即向非洲饥饿地区捐赠 200 万条毛毯活动,提供协助。希望日本能承担其中的 100 万条。外务省在接受该请求后,才发起了"向非洲捐赠毛毯"的活动。可以说,日本在援助非洲干旱的过程中,逐渐从被动中摸索出了主动的可能性,并加以实施。

然而这种情形却是昙花一现,1985 年美苏关系再次缓和,非洲的救灾也告一段落。日本与欧美国家之间的矛盾在不断上升,特别是欧美结成统一战线集中对日本施加压力。随着苏联的撤退,欧美国家也开始调整与南非的关系,而反应迟缓的日本成了被指责的焦点对象,日本与非洲国家之间的关系也再次降到谷底。1986 年,日本虽然再次当选联合国非常任理事国,却是 5 国中最后一名。对此,日本外相指出,由于非洲"激进集团"认为日本、联邦德国对南非的制裁太松,因而导致了这些国家的选票流逝③。然而真正的问题在于,当时欧美国家不仅不替日本遮掩,而

---

① 国連で日本が調整役に アフリカ問題 総会議長の要請受諾[N].読売新聞,1984-10-09(朝刊).
② "調整役"ナカソネ 国際舞台で強い存在感[N].読売新聞,1985-05-04(夕刊).
③ アフリカ票が流れて最下位 外相、国連の安保理当選で談話[N].読売新聞,1986-10-17(朝刊).

第二章　石油危机与日本对非外交的
　　　　调整与发展(1973—1990)

且还将矛头对准日本,以日本与南非的关系来"敲打"日本。

这样,在冷战结束前,日本外交的最重要任务,又回到了解决与欧美的矛盾,特别是与美国的矛盾上。而对于非洲的外交,再次下降到了对欧美的外压进行应激反应的层次。尤为明显的是,1988年日本对南非实施的一轮严格制裁,本质上是为了缓和与欧美,特别是与美国之间越演越烈的贸易争端[①]。

(二) 农业开发——日本对非援助的重心

对东南亚的援助是日本对外援助的开端。自20世纪60年代中期开始,日本已经开始积极参与东南亚开发。1966年在日本的主导下,举办了东南亚发展部长会议,日本尝试将对东南亚的援助由双边转向多边。而日本的具体构想是,设立亚洲农业开发基金,构建亚洲海上航道[②]。由此可见,日本希望将农业作为援助东南亚的重心。

在日本对外援助的早期,向非洲国家在内的发展中国家输出轻工业技术,意味着发展中国家自身轻工业体系的建立,也意味着日本出口市场的缩小乃至消失。所以,日本对于发展中国家最需要的技术出口一直比较消极,其技术援助在发达国家中一直处于最低水平。数据显示,从1949—1962年,日本对外技术出口总共265件,其中对非洲的技术出口一共只有7件。该时期日本向包括非洲在内的发展中国家进行的技术出口,并非是轻工业,而是机械、化学部门[③],且派出去的技术指导如人员多是退休官员、民间企业的退休者等。即使是在扩大对外援助后的1966年,日本的技术合作也仅为7 600万美元,是美国的1/70,且发展援助委员会成员国对外技术援助平均占对外经济援助总额的12.3%,日本却只有1.4%,是最低的成员国。

---

① 相关内容,具体参见第五章。
② 外务省.わが外交の近况(外交青书)1967年版[M].1967:9.
③ 林雄二郎.日本と南北问题に关する一考察[J].国际问题,1964(3):45.

虽然日本希望将援助重点置于农业，然而东南亚各国在第一届东南亚开发会议上，就表示了更希望援助可以用于工业发展、实现工业化的态度。最终双方在联合声明中写道："各国根据其发展阶段以及现状，推进工业开发是必要的。"从日本援助东南亚的模式中，可以看出日本作为援助出资方，却并不拥有完全的主导权，而1968年东盟的成立，更使日本在东南亚开发中的主导权进一步弱化。但是在援助非洲的过程中，虽然新独立的非洲国家迫切希望得到有助于其实现工业化的技术援助，比如1961年尼日利亚经济代表团访问日本时就提出建设合资工厂事项。但对于非洲有色人种国家，日本仍是把握援助主导权的一方。日本对于帮助非洲国家实现工业化显然并不积极。一直到20世纪80年代，在多方压力下，"世界经济大国"日本开始逐渐承担起为全球经济健康发展做贡献的责任，其中也包括援助世界经济不可缺少的一部分——非洲的责任。而20世纪80年代对于非洲饥荒的救助，对此后日本援助非洲方式的确立，产生了很大影响。同时，也为此后日本推进非洲国家进行以农业开发为中心的发展模式提供了基础。

日本认为撒哈拉以南非洲受殖民时期经济结构影响，形成了面向欧共体的花生、烟草等商业作物这一农业结构，加上对于作为燃料使用的木柴的需求，使得树木减少、加速了沙漠化从而导致其陷入慢性粮食匮乏。1984年，日本政府决定新的援助非洲的方针，内容不再仅限于短期的粮食供应，而是提出要进行综合性农业结构改良的技术转移（包括谷物品种改良、农业教育、农村建设等）。

日本外务省提出的方案主要包括：(1) 改变原来的统一性援助方式，将肯尼亚等三四个国家作为重点国家。建立玉米、小麦、大米等的实验农场，包括周边地区在内，调查这些作物有多大程度的应用性。(2) 使用遗传基因学，培育可以在高温、缺水、沙漠

第二章 石油危机与日本对非外交的
调整与发展(1973—1990)

化这样的自然条件下生长的品种。(3)通过海外青年合作队,进行自营农户培育的农业训练。(4)与 FAO、欧美的研究机构合作,培养沙漠绿化、农业专家等。最终以非洲粮食的自给自足体制为目标,进行长期综合性的技术援助①。

日本的政策,最终通过西方首脑会议成为西方援助非洲政策的一部分。在1985年的西方首脑会议上,安倍外相所提出的"绿色和平队""绿色革命"构想得到了各国赞同,成为发达国家的共同行动方针。在波恩举行的西方首脑会议上,日本提出设立探讨具体政策的专家小组,得到了各国的响应。7月,第一次专家会议召开,开始调整各国方案。经过第二次会议后,提出了一份最终报告,其中包括粮食增产、防止沙漠化等中长期措施,以及各国对粮食援助进行调整等紧急对策。而中长期计划中,最重要的是恢复撒哈拉以南非洲地区"绿色"的"绿色和平部队"计划。

而1985年9月,在参加联合国大会期间,安倍外相在纽约室内饭店招待阿尔及利亚以及埃及等45个非洲国家的外交部部长、联合国代表举行午餐会时,即强调日本将加强对非洲支援作为日本外交的基本政策,为非洲恢复绿色的"绿色革命"全力以赴②。最终在日本国家合作署 JICA 的组织下,绿色和平部队得以建立。来自日本的海外合作队、美国的和平部队等的年轻志愿者,在非洲的农村、城镇附近开展植树运动,为恢复地区环境平衡做出努力。日本还对国际农业研究所进行资金援助,改善农业技术,向小规模农户增加援助,推进了其非洲援助政策。从某种程度上,这也可以视为日本为非洲带来的最为积极的影响。

---

① 飢えるアフリカ"構造改革" 農業開発に重点 政府、来年度から[N].読売新聞,1984-08-17(朝刊).
② 「緑の革命」を強調 安倍外相 アフリカ45国代表に[N].読売新聞,1985-09-26(朝刊).

小结　世界经济危机下加强对非外交与分担集团责任

1973年的第一次石油危机是一个分水岭。在这次危机之后，"经济诉求"成了日本开展外交的主要意图。

在危机发生后，日本为了确保能源、资源的稳定供应，不再全盘追随美国，而是开展具有一定自主性的对外"资源外交"。对于非洲外交的调整，同样也是在资源诉求下进行的。为了改善与非洲各国的关系，日本外相在1974年首次到访非洲，并为非洲带去了大量的ODA。同时，在一些政治议题上，特别是在南非问题上，日本也少有的采取与非洲各国同步的姿态。日本在资源诉求下开展的以援助换资源的对非外交，一定程度上摆脱了西方阵营，特别是美国的束缚，对外交对象——非洲各国的要求有了一定程度的回应。

第一次石油危机持续时间并不长，但造成了西方各国在战后最严重的衰退。西方各国开始团结自救，在1975年召开了发达国家首脑会议，共同关注世界经济的运营。日本从起始之初就被包括在这一世界经济司令部内，在获得世界经济运营决策权的同时，日本也必须承担起稳定世界经济的责任。而所谓的稳定世界经济，本质上是为了解决日本与欧美之间存在的贸易摩擦。日本希望以包括增加援助在内的各种资金贡献来缓和与欧美的矛盾。由于欧美在经济危机下，对于承担非洲援助力不从心，所以增加对非洲的援助也就成了日本的责任。当日本与欧美的贸易摩擦越演越烈时，日本对于非洲的援助也随之增大。日本的对非经济援助的增大，本质上仍是出于"经济诉求"，此后更成为日本对非外交的最重要方式。

依靠强大的经济能力，日本的外交在调整中取得了一定的发

第二章 石油危机与日本对非外交的调整与发展(1973—1990)

展。日本在被动接受欧美意见的同时,也维持着一定的自主性,并开始尝试在某些方面谋求主导权。日本在欧美各国经济困难的时候,加大了对非洲的援助力度。但在援助非洲的具体方式上,日本受到欧美主导下的国际援助机构 DAC 的巨大阻力。双方博弈再三,最终结果是日式援助在对非援助上逐渐向欧美标准靠拢。在对非洲的干旱、饥荒进行救助的行动中,日本展现出了积极姿态,并提出了自己的援助理念。日本所提倡的对非援助,侧重于欧美所忽略的粮食开发,这在一定程度上影响到了欧美的政策。但随着冷战的缓和、非洲救灾告一段落,欧美与日本之间的贸易矛盾再次上升为主要问题。日本这一主导非洲援助的态势并没能持续下去,反而又回到了对欧美"外压"进行"应激反应"的老路。

究其所以,这一时期日本对于非洲的"付出",是在欧美所构成的"白人集团"内相互协调基础上所做出的。虽然与其他成员之间仍旧存在着明显的"异质性",但日本在西方发达国家首脑集团内找到了一定的归属感。对于非洲这样一个关系疏远的区域,日本更习惯以所归属的集团的利益界定自身的利益。所谓的为"全球经济"做贡献,本质上是通过 ODA 等为陷入滞胀的欧美做资金贡献,而非洲本身对日本而言,并不具有太大的考量价值。然而日本始终没有被视为集团内部的平等一员。尤其是在非洲事务上,日本虽然局部推动了集团政策的变化,但大多数情况下,只能顺着欧美的标准,努力调整自己的方式。即便成长为集团内的第二大经济体,虽然做出了大量的经济贡献,但日本仍是"低人一等"的"名誉白人"。

第三章

冷战后日本对非外交的新变化(1990—2005)

随着苏联的解体,支配战后世界40多年的两极格局就此瓦解,世界由此进入了国际格局新旧交替的过渡期,"国际新秩序"正在形成中。这一重大的全球性变局,为日本带来了提高自身国际地位的千载良机,同时也对日本外交提出了新的要求,日本外交不得不随之改变。

第一节 冷战后国际秩序的重建与日本外交的新诉求

一、冷战后国际格局的变化

1989年12月3日,美、苏两国领袖在马耳他的高峰会上宣布结束冷战。在冷战结束的第一年,海湾危机升级成为海湾战争,以美国为首的多国部队在联合国678号决议的旗帜下对伊拉克开战。此举证明了美国是此时唯一能够左右全球局势的超级大国。

冷战结束后,从表面上看美国成了唯一的"世界霸主",但冷战的结束并没有改变美国走向相对衰落的大趋势。美国要巩固以自己为霸主的国际秩序,就不得不更加依靠其盟友的支持。冷战时期,美国的忠实盟友西欧和日本,分别将自己的国防安全

第三章 冷战后日本对非外交的新变化(1990—2005)

交付给北约或者美国,在外交上基本与美国保持一致。冷战随着苏联的消失而结束,在安全问题上缠绕西欧和日本多年的苏联威胁,终于解除。从"恐苏"中解脱出来的西欧与日本,不约而同地提升了自己国家的国际行为能力,不愿意在国际事务中继续维持与美国间的不平等关系,转而向美国争取平等的伙伴地位。

在西欧与日本之中,日本更被视为美国霸权的主要挑战者。在冷战行将结束之时,在美国看来,日本的经济威胁甚至已经取代了苏联的军事威胁。1989年,美国对日贸易逆差高达570亿美元,日本对美投资更是迅速增长,高达300亿美元。双方在有关知识产权保护、专利制度等领域的摩擦日益加剧,在新兴的高科技领域所展开的竞争尤为激烈。

冷战的结束,使美国对日本的军事"保护"失去了原有的基础,日本对美国的军事依赖也在减弱。日本与美国之间真正的经济实力对比,又被"泡沫经济"所扭曲。1990年12月21日,美国副总统奎尔公开承认:"日本是与美国平等的超级大国。"[①]美国实力的相对下降,也迫使其为了借重日本的支持,不得不放松对日本的控制,在一定程度上尊重日本的诉求。简而言之,冷战结束时的日本,不再是战后初期西方阵营内无足轻重的一员,而是举足轻重的世界性大国。在经济上居于日欧美三极之一的日本,是可能推动冷战后国际格局向多极化方向发展的主要力量之一,正站在国际舞台的正中心。

与日本在国际体系中的"中心化"相对应的,是非洲的日趋"边缘化"。冷战时期,由于非洲在意识形态与经济上所具有的极大价值,东西两个阵营围绕非洲展开了激烈竞争,使得非洲也曾经是全世界的焦点。非洲在获得两大阵营军事支援的同时,也得

---

① 刘世龙.美日关系(1791—2001)[M].北京:世界知识出版社,2003:619.

到了大量的经济援助。1989年,全世界对发展中国家ODA的三分之一投向了撒哈拉以南非洲地区。

就在同一年,西方24国召开了支援波兰、匈牙利的部长会议,为援助东欧进行所谓的"民主化"而进行融资,并提议成立欧洲复兴银行。这标志着西方的关注点开始转向东欧。德国的统一,又使得七国集团中唯一和日本一样握有大量贸易黑字,并在非洲有很大存在感的原联邦德国也开始转变方向,将重心转移到了国内问题。而冷战的结束,从战略上削弱了美国介入非洲事务的需要。苏联阵营的消失、欧美的转向,导致在20世纪80年代早已深陷困境的非洲,在冷战后的国际体系中进一步被边缘化,愈发举步维艰。

二、日本政治大国诉求与外交转向

(一)联合国与冷战后国际秩序的重建

在冷战刚结束、国际秩序进入重构的时代,日本正处于泡沫经济顶峰,日本认为经济上的美、欧、日三极理所应当转化为政治上的美、欧、日三极。日本也开始强调要在国际政治舞台上施展抱负,认为经济实力理应反映在政治地位上,经济上的日、美、欧三极应适时转化为政治三极。如时任首相的海部俊树就明确表示"必须以日、美、欧三极为主导形成世界新秩序",首度表达了要与美欧共同主导冷战后国际秩序的强烈愿望①。与此同时,时任外务省事务次官的栗山尚一也在《外交论坛》上撰文提出了"五五三理论",认为日美欧是国际格局中的三极,三方应依据强大的政治能量和共同价值观实现冷战后三极共管的世界,而日本则"必

---

① 早在1990年日本首相海部俊树就在给老布什的信中就提出"必须以美、日、欧三极为主导来形成世界新秩序",日本要积极参与构筑国际新秩序,要扮演与自己强大经济实力相适应的角色。见:李寒梅等.21世纪日本的国家战略[M].北京:社会科学文献出版社,2000:66。

第三章 冷战后日本对非外交的新变化(1990—2005)

须尽快地从中小国家的外交转变为大国外交"①。1993年版的《外交蓝皮书》又进一步提出,为了维持、促进世界整体的和平与繁荣,日美欧的责任与作用尤为重大。②

日本希望在国际新格局建构过程中实现自身地位的提升,联合国这一最重要的国际舞台至关重要。除了凭借经济实力争取更多地占据联合国重要部门外,成为常任理事国对日本来说具有特别意义。要实现这一宏伟目标,非洲国家手中的选票极其重要。

随着冷战的结束,两极对立的世界消失,国际合作被视为重构国际秩序的重要理念。此时,联合国无疑被视为加强全球合作、重构冷战后国际秩序的最重要舞台。联合国在冷战后,重新恢复了其在国际体系中的中心地位。同时,拥有联合国近1/4席位的非洲,其在联合国选举中的票仓价值,也被怀抱强烈"入常"志向的日本纳入视野,成为这一时期日本制定外交政策时重要的考量因素。

冷战结束之后,世界似乎进入了以对话与合作取代相互对立的时代。当时日本正处于泡沫经济的顶峰,其人口虽然只占据世界的2.5%,却拥有世界总收入的11.2%。1989年的《外交蓝皮书》中显示,"为纠正世界不平衡做出相应的贡献"仍是日本"被要求的最大政策课题",但日本的外交仍停留在作为"经济大国"承担相应国际责任的层次。到了1991年,"日本已能对有关国际秩序的所有问题产生重大影响",即日本已认为自己不仅仅在经济方面可以有所作为,在国际政治上也到了一展抱负的时候。1993

---

① Naoichi Kuriyama. Greatly excited 90's and the New development of Japanese diplomacy[J]. Diplomatic forum, 1990(5):16.
② Ministry of Foreign Affairs Japan. DIPLOMATIC BLUEBOOK 1993. [EB/OL]. 1993-01.http://www.mofa.go.jp/mofaj/gaiko/bluebook/1993_1/h05-1-2-2-1.htm#a7.

年的《外交蓝皮书》指出："日欧美先进民主主义国家,共有自由、民主主义、市场经济这一价值,占据世界 GNP 的近七成,同时拥有世界尖端科学技术。因此,为了维持、促进世界整体的和平与繁荣,这些国家的责任与作用尤其重大。"日本不是影响,而是承担着推动国际新秩序建设的"重大责任与作用"。而其"责任和作用",不仅体现在维护、促进世界的"繁荣"上,也体现在维护和促进世界的"和平"上。简而言之,日本要与欧美一样,在国际上发挥全面的领导作用。

作为世界第二大经济体,日本的经济大国地位早已得到认可,要在体系重建中完成升级,也只剩下成为世界政治大国这一目标。对日本而言,在这样一个貌似通过国际机制来重构秩序的时代,要达成这一目标,至少有两条路可走。

1. 依靠西方七国首脑会议

在 1993 年东京举行的七国首脑会议上,宫泽喜一首相在发言中指出："七国集团到了该探讨国际合作在广义上的存在方式的时候了。作为其中一环,应该讨论加强联合国功能的问题。"① 所谓广义上的存在方式,是希望在原有的经济功能之外,也将政治功能囊括其中。而由七国集团来讨论联合国的功能,实质上是试图将七国集团凌驾于联合国之上。日本希望被称为"经济联合国"的西方首脑会议能够拥有政治功能,成为国际社会的最高权力机构的念头并非无风起浪。早在 1983 年,西方七国首脑会议的议题就从原本的经济领域扩展到了安全领域,只是随着冷战的缓和与结束,又回到了以经济为中心的"初心"。正是凭借巨大的经济实力,日本逐渐在七国集团内具备了一定的话语权。比如 1992 年慕尼黑七国首脑会议通过的最终宣言中,加入了日本所主张的、也只关系到日本自身的有关解决日本北方领土问题的

---

① 東京サミット首脳会議での主な発言[N].読売新聞,1993-07-07(東京朝刊).

第三章　冷战后日本对非外交的
新变化(1990—2005)

内容。与日本在联合国的微妙地位不同,西方首脑会议从建立之初,就将日本纳入其中。西方七国集团也就成了日本一直能够保持参与决议过程,并能在国际社会中有所作为的十分重要,也非常少有的平台。

但是西方七国集团本身是一个松散的机构,被称为"富人俱乐部"。所谓的西方首脑会议,只是主要发达国家领导人进行"谈话"的场所,并不具备法律地位,更不具备法律约束力。日本提出设立常设机构,就如同欧共体首脑会议一般,对部长会议所做决定予以承认,从而将七国集团首脑会议"政治机构化"。但七国集团内部却存在着反对的声音,认为设置常设机构这样的做法太花钱。法国更是指出,日本这种"将七国首脑会议政治机构化,与联合国安理会改革放置在同一水平进行讨论是奇怪的"。[①] 1993年,手握大量贸易黑字的日本,本身在七国集团内部就被视为导致世界经济失衡的"问题国家"。而1995年后,对于七国首脑会议的"无用论""不需要论"等评价再次甚嚣尘上。显然,试图通过提升西方七国首脑会议来实现日本自身政治地位的提升困难重重。

2. 联合国"入常"

与组织松散且主要关注经济议题的七国首脑集团不同,联合国是受到法律保护的、战后国际体系中最重要的政府间国际组织。冷战后,老布什将其"世界新秩序"定义为"国际法、联合国得到尊重的世界"。1991年,伦敦举行的七国首脑会议所通过的最终宣言中,同样包含有"加强国际秩序、联合国的功能"的内容,表示由联合国来确立各国际机构的调整,加强预防冲突的预警系统等,强化联合国在维持和平方面的功能[②]。

---

① G7サミットに求められるもの　新たな経済システム発案を(解説)[N].読売新聞,1993-07-09(東京朝刊).
② ロンドン・サミット　政治、経済両宣言などの概要[N].読売新聞,1991-07-15(東京朝刊).

无疑,联合国是冷战后重构国际秩序的中心,凌驾于其他机构之上。而联合国的中心,无疑是被联合国宪章赋予"维持国际和平与安全的首要责任"的联合国安理会。1990年的海湾危机,美苏基本立场上的一致,使得联合国安理会得以顺利地通过了一系列制裁伊拉克的决议。这样,联合国安理会从两极对抗时期的瘫痪状态中恢复,逐步承担起了在冷战后维护国际和平与安全的职责。

　　"海湾的诅咒",对冷战后日本的外交影响深远。入侵科威特的伊拉克是日本的援助对象之一,日本首先因此而饱受指责。1990年8月伊拉克入侵科威特时,曾经数次担任安理会非常任理事国的日本,碰巧处于前一任期结束后的空档期,无法亲身参与安理会的决策过程。虽然日本为海湾战争提供了高达130亿美元的资金支持,并向波斯湾派遣了扫雷艇,但最终却只得到"太少、太迟"的评价,还被嘲笑为"支票外交"。被国际社会冷嘲热讽的痛苦经历,促使日本深刻反省其外交战略。在宫泽喜一执政时期,将之前的海部内阁所制定的"以经济为主"的国际贡献政策,改变为"新形势下在政治、经济、安全保障各领域全面发挥作用"的、"以联合国为中心的综合性国际贡献"政策。日本走向政治大国的具体目标和战略步骤,已经十分明确。①

　　作为世界第二位的经济大国,联合国经费第二大承担国,日本却被排除在联合国最重要的决策机构——安理会之外,日本自然不甘心。一旦成功"入常",就可以一劳永逸地确保日本永远处于国际政治决策的中心,避免"海湾的诅咒"重现。1992年1月31日,历史上第一次召开了安理会理事国首脑会议。作为非

---

① 李寒梅等.21世纪日本的国家战略[M].北京:社会科学文献出版社,2000:60.

常任理事国代表参加该会议的宫泽喜一首相提出,"重要的是不断讨论如何使得安理会的功能、结构可以适应新时代"①,积极呼吁对安理会进行改革。而此时联合国内有不少成员国也认为,安理会现在的这种由西方大国主导的结构,不仅无法反映现实状况,更使得安理会的合法性被削弱,要求对安理会进行改革的呼声日益高涨。

冷战的结束,并没有消除战争,取代意识形态的是民族主义的高涨,而后者更使得局部冲突愈加显著。与此同时,大国单独介入这类冲突进行解决的做法也在减少。随着维和任务的增多、范围的扩大,安理会自身也受困于维和方向的确立、维和费用如何分摊等实际问题。为了应对新时代的新职能,安理会要求新秘书长加利在1992年7月之前提出联合国未来活动以及机构改革的报告。这样,日本看到了成为安理会常任理事国的希望。1994年,河野外相关于在"不使用武力"这一条件下"准备承担作为常任理事国的责任"的演说,正式表明了日本的"入常"意志。成为安理会常任理事国,被日本视为从经济大国走向政治大国的最具体和最重要目标,也成了此后日本外交的核心。

(二) 日本对外援助思路的转变

经历了20世纪80年代的发展,日本的对外援助不仅被用作追求本国经济利益的工具,而且增加了以经济实力为手段来达到政治目的的功能,即经济援助成为日本实现"政治大国"目标的一种重要手段。

从1978年波恩的七国首脑会议开始,在福田首相表明ODA三年倍增计划后,日本的ODA持续增加,1989年更是高达89亿美元。1988年多伦多七国首脑会议之前,日本发表了大幅增加ODA的计划,借此宣传日本为世界所做的贡献,来避免在七国会

---

① 神余隆博.多極化世界の日本外交戦略[M].朝日新聞社,2010:206.

议上被孤立。1989年的《外交蓝皮书》中写道："为纠正世界不平衡做出相应的贡献,是我国的最大政策课题。"当时日本的贸易黑字,仍被视为世界经济失衡的问题所在。而为了不在七国集团内被孤立,避免因为贸易摩擦成为七国集团的"观察员",日本继续扩大包括ODA在内的资金贡献。

原本用于消极应对来自欧美压力而不断扩大的资金贡献,却为日本在七国集团内地位的上升提供了支撑。1989年的七国首脑会议上,日本得到了较高评价,背后则是其对世界经济的调整所做出的650亿美元的资金贡献。随着所做资金贡献的增加,日本政府开始试图掌握发展问题的主导权。1989年ODA白皮书中已经指出:"我国的ODA占DAC所有国家总体的19.2%,所以对在国际协调和发展问题上掌握主导权,扩宽我国援助的幅度是重要的。"

1990年7月,日本偿清了世界银行的贷款,成了真正意义上的援助大国。20世纪70年代末,日本的对外援助额只有20亿美元左右,1991年已经超过100亿美元,而在1994年更高达132.38亿美元。日本庞大援助的基础,来自巨额贸易顺差:1990年为337亿美元,1991年飙升至902亿美元,1992年首次突破1 000亿美元,达到1 260亿美元。相比之下,欧美则是一片惨淡景象。于是,在国际秩序重建的过程中,日本看到了以援助实现政治大国化的可能性。

在这一思路指导下,冷战后,以日本为主席国的援助会议、机构也随之增加。首先是1991年9月,日本作为主席国,在东京召开首届"蒙古援助国会议",由日美德韩等七国以及世界银行等三个国际机构,加上中英法欧盟等观察员参与。为了支援蒙古的所谓"民主化"以及导入市场经济,会议决定援助蒙古1.5亿美元,日本承诺承担其中的6 100万美元。1992年6月,日本与联合国发展计划署一同担任主席,举办"柬埔寨复兴国际会议",邀请美英

第三章 冷战后日本对非外交的新变化(1990—2005)

法中俄等33国以及联合国、世界银行等12个国际机构参与。最终决定实施8.8亿美元的援助政策,而日本表明将援助1.5亿—2亿美元。1993年3月,日本主持召开了支援中美洲的"民主发展伙伴关系"东京特别会议,10月则召开了东京非洲发展国际会议,12月又主办了"印度尼西亚综合开发论坛"准备会议等,可谓十分活跃。

就此而言,日本并没有特别重视非洲,东京非洲发展国际会议(TICAD)只不过是向国际社会显示日本的存在、谋求援助话语权所召开的众多会议之一而已。而从日本在各个会议中表达的掏钱意愿来看,TICAD被定位为"学术性论坛",在前两届会议上,日本都没有表明过具体出资金额。但日本在援助亚洲上显得积极主动,早在1977年日本对亚洲的援助就已经超过了美国。通过分担美国在亚洲的责任,使得日本逐渐在亚洲问题上获得了话语权,可以更好地维护自己在亚洲的利益。在冷战后区域一体化的大趋势下,日本倾向于亚洲也并非不可理解。

在冷战期间,日本在DAC的不停"敲打"下,缓慢地对自己的日式援助进行着局部调整。冷战的结束,也使欧美国家无法再借"反共"旗帜对日本施展巨大压力。而20世纪90年代初,DAC的绝大多数成员国受制于国内经济不景气,正陷入援助疲软之中,唯有手握大量贸易黑字的日本可以增加援助额。这客观上使得日本有机会依靠经济实力,从被动接受转为主动出击,来获取在援助问题上的话语权并换取和积累政治资本。

冷战后,发达国家的对外援助,仍旧维持着在DAC这一"白人施主俱乐部"的整体框架下进行政策协调。通过互相协调,各国拥有共同的发展战略、援助理念,形成对发展中国家的共同援助方式。20世纪90年代,全球双边ODA减少,日本从1991—2000年,维持了10年世界头号捐助国的地位,其提供的援助占DAC总量的20%左右。在寻求建立新的国际秩序的阶段,发展援助则顺理成章地被再定义为"形成新秩序的一种手段"。①

在1993年的东京七国首脑会议上,原本日本希望将讨论传统的扩大对发展中国家援助问题作为此次会议的重点,而欧美则要求将重点放在日本减少贸易顺差上。各国开始对日本的援助抱有戒心,担心通过援助,日本的经济和政治影响力日益增加。日本希望用援助谋求话语权的方式在欧美集团内仍然碰壁,虽然没有达到预期的目标,但日本还是以援助为自己挣得了一定回报。

欧美强调应该以无偿援助对发展中国家进行援助,而日本则强调日元贷款的有效性。最后,在东京七国首脑会议的最终宣言中,加入了"根据各国的发展阶段的要求以及实际成绩实行相适合的援助"。此后,日本政府根据此内容发表了援助方针。具体而言,对低收入国家进行学校、卫生设施建设等小规模无偿援助、技术援助;对中低等收入国家,减少无偿援助增加日元贷款;对于返还能力高的中高等收入国家,则给予大规模基础设施建设的日元贷款;而对于工业化有所发展的高收入国家,则从日元贷款中排除,通过防止公害、培育中小企业的技术合作,培养产业基础。②显然七国首脑会议最终的宣言是一种双方妥协的结果。

在被欧美不断"敲打"多年以后,日本终于借助强大的经济实力③,为自己的"经济合作"寻得了较高程度的"国际认可"。这不仅在维护日本的国家利益特别是经济利益上具有现实意义,更为日本成为政治大国做了铺垫。

---

① 太平剛.国連開発援助の変容と国際政治[M].有信堂,2008:57.
② 東京サミット 南北橋渡しに決意 「地球環境」日本方針、基金充実へ単独協力も[N].読売新聞,1993-06-25(東京朝刊).
③ 在1993年东京七国首脑会议之前,日本政府发表了1993年之后的ODA援助方针以及援助额《第五次ODA中期目标》,援助将考虑到环境、人口问题以及教育卫生等基础生活领域、基础设施建设等方面,提供700亿—750亿美元的援助。

第三章 冷战后日本对非外交的新变化(1990—2005)

第二节 日本对非外交路线的调整

冷战结束前,日本的对非外交受到欧美的极大影响。对非援助的扩大,很大程度上来自欧美的"敲打",被视为解决与欧美贸易摩擦的手段。随着冷战的结束,随着日本外交诉求的变化,日本对外援助的思路也发生了转变。而这一转变,也深刻影响到日本的对非外交。

一、"入常"诉求下非洲对日本的战略意义

(一)联合国中非洲选票的价值

冷战时期,联合国内的非洲选票,对于日本的吸引力从未消失过。由于冷战的大背景,日本对非洲的选票争取受到很大的束缚。而冷战的结束,对于一心希望以成为联合国安理会常任理事国来实现政治大国化的日本,非洲的"票仓"价值再次凸显。

TICAD被认为是冷战后日本对非洲外交的重要举措。1993年,细川护熙首相在TICAD I 上所做的演说中明确指出:"作为一环,我国将通过对联合国等的合作,在非洲努力发挥进一步的政治作用。"[①]值得注意的是,日本明确要在非洲发挥的是"政治作用",而实施的步骤首先就是要通过联合国这一途径。东京非洲发展国际会议虽然冠以"东京"两字,主办方却并非只有日本政府,还有联合国与非洲问题全球联盟。但会议的召开,则是由驻纽约联合国的日本政府代表部主导的。

日本驻联合国代表部对推动非洲外交十分热衷,该部通过联合国总部以及原世行行长、非洲问题全球联盟创始人之一的麦克

---

① Keynote Address by Prime Minister Morihiro Hosokawa of Japan at the TICAD, Oct.5, 1993, p.3.

纳马拉,向非洲问题全球联盟、非洲各国驻联合国代表开展工作,最后就共同召开有关非洲发展的国际会议达成一致。1991年5月,日本外务省做出决定,拟在1993年召开非洲发展会议,而在1991年9月的联合国大会"为了非洲经济复兴与发展的联合国行动计划(1986—1990)"特别委员会上,日本正式表示要召开非洲发展会议。① 根据一位前外交官的回忆,这些会议最初是曾担任过中近东非洲局局长和驻联合国大使的波多野敬雄所提议举办的。② 波多野敬雄与其后任——驻联合国大使小和田恒,都是20世纪90年代日本"入常"的积极推手,对于非洲问题也同样"热心"。比如在1996年8月,在当时的日本驻联合国大使小和田恒主持下,在东京召开了联合国非洲发展会议,邀请了主要发达国家与发展中国家的联合国大使参加。

"不反对"和"支持"是不同的概念。联合国的程序注定了日本要想成为安理会常任理事国,需要的是非洲的支持票。由于与南非的关系导致非洲各国的反感,从而使得日本在1978年的安理会非常任理事国选举中落选、1986年的选举也是险胜,日本外交当局对此记忆犹新。1991年6月,南非白人政府决定全面废除人口登录法、土地法等种族隔离制度相关法律。对南非白人政府所做出的巨大改变,欧美都有回应,开始陆续解除对南非的制裁。而为了志在必得的联合国非常任理事国之位,日本政府不希望刺激到其他非洲国家,出于保险起见,仍决定将对南非的经济制裁延长到1991年秋季举行的联合国安理会非常任理事国选举结束之后。③

---

　① 片岡貞治.アフリカ問題と日本.地域研究[M].昭和堂,2009(9):247.
　② 莱因哈特·德里弗特.愿望与现实——日本争当联合国安理会常任理事国的历程[M].上海:东方出版社,2002:176.
　③ 日本の国連安保理入り　急務の旧敵国条項削除　情勢変わり、形がい化(解説)[N].読売新聞,1991-10-19(東京朝刊).

第三章 冷战后日本对非外交的新变化(1990—2005)

外务省外交档案显示,在1992年召开的非洲大使会议上,在进入"非洲发展会议的意义与举办形态"这一最重要的议题前,首先由日本驻联合国的代表进行发言,然后动员各驻非洲使馆为日本人中岛宏再次竞选世界卫生组织干事长做配合。显然,非洲对日本的价值是不言而喻的。特别是日本想成为联合国安理会常任理事国的诉求,涉及联合国安理会的改革。而这种改革,又必须得到联合国2/3以上成员国的支持。虽然随着冷战结束,又有一些国家加入联合国,但几乎占联合国1/4席位的非洲的选票,依然举足轻重。

而要争取非洲的支持票,最现实也是日本运用最为熟练的方式就是经济援助。日本关于1994年非洲大使会议的一份文件中写道:"对于非洲的援助,并不应将重点只放在非洲各国的贫困问题、发展需要等,还需要考虑到与ODA大纲、与日本的关系,特别是在联合国中对日本的支持等。"[①]不言而喻,这里非常明确地提出将援助非洲与联合国选票挂钩。这样,对非经济援助实际上成了日本的联合国竞选手段。而国际局势的变化,则为日本以经济援助换取非洲的支持提供了条件。

欧洲各国更关心的是,对东欧各国进行资金援助,使得这些国家可以顺利转向市场经济。虽然自身经济停滞,欧洲仍在1990年向中、东欧各国投入大量资金。随着苏联的解体,东方阵营从非洲撤离,美国则从战略上消除了介入非洲的必要性。之后不久,美军在索马里行动的失败,更使美国对非洲的兴趣降至50年来的最低点。1993年,在世界银行大会上,患上"援助疲软综合征"的欧美主要国家都表示,没有资金来扩大对非洲的援助。

冷战时期,日本除了与南非白人政府保持着密切关系之外,

---

① 外務省中近東アフリカ局.1994.アフリカ大使会議(平成6年度).外務省外交記録文書.2008-0151.

与非洲有色人种国家关系淡薄,贸易额更是不值一提。在冷战结束之前,日本这个"名誉白人"因为成了推行种族隔离政策的南非白人政府的头号贸易伙伴,因而饱受来自包括非洲有色人种国家在内的各方批评。

随着冷战的结束,让日本不断扩大对非洲援助的"反共"大旗消失,南非建立在黑人与白人和解基础上的民主化进程,预示着日本完全可以跟随欧美,从对非洲的战略性援助中解脱出来。但正是因为非洲在联合国中可观的选票价值,使得日本非但没有退出,反而主动要求"留下来",包括积极推动举办与非洲发展相关的各种会议等。由于欧美这些"白人"的暂时离场,客观上使得日本主动参与非洲的举动更受欢迎。

东方阵营的退场,使一些亲东方的非洲国家失去了经援来源,这些国家急需资金援助来完成经济重建。而西方对苏联地区及东欧的援助极大削弱了对包括非洲在内的其他地区的经济援助。20世纪90年代初,对非洲的国际援助从190亿美元下降到了120亿美元。1987—1992年,对非洲的援助占国际援助总支出的60%以上,而1993—1997年则下降到只占援助总支出的30%多。这样,非洲各国对于当时世界最大的援助国日本自然有所期待。而南非自身的转变,又使得横隔在日本与非洲有色人种国家之间的政治障碍消失了。

1991年,日本顺利当选联合国非常任理事国。1992年,日本对于非洲46个国家中的42个国家进行了援助。日本是加纳、肯尼亚、尼日利亚这些进行经济结构调整的非洲国家的最大捐助国。在法语圈中,对于科特迪瓦、马达加斯加等,也是仅次于法国的二号捐助国。1994年,表明支持日本入常的国家上升到41个,其中26个国家是亚非拉发展中国家,都是接受日本援助的国家。[①]

---

① 田中義昭.援助という外交[M].朝日新聞社,1995:141.

而1996年,日本与印度竞争联合国非常任理事国时胜出,小田滋被选为联合国国际法院大法官、绪芳贞子被选为联合国难民署高级专员。这说明日本的联合国选票战术,一定程度上获得了成功。

在冷战结束初期,日本的对非外交建立在为获取联合国中非洲国家在安理会改革、选举非常任理事国等方面的选票支持基础之上,是作为日本的联合国外交中的"选举对策"而存在的。"日本→联合国→非洲",在日本与非洲之间的中介是联合国——实际上是"联合国选票"。日本的"拿钱换票"战略取得了一定效果,反过来又强化了日本用"援助"来应对非洲的方式,也就注定了日本与非洲的关系在冷战后处于非常不健康的状态。

在南非以外,对于日本而言,非洲大陆原本就不具有多大的经济价值。拿钱换票可以成功,使日本实际上缺少构建与非洲各国正常经济联系的动力,也缺少对南非以外的国家开展全方位双边外交的动力。这种外交努力的缺失,让日本的对非政策一直停留于"日本的对非援助政策"这一状态中[①],即日本与整个非洲的关系仍旧延续着给予者与接受者的模式,彼此疏远的关系没有随着TICAD的召开而拉近。非洲除了选票价值之外,对于日本来说,实际上外交意义不大。

(二)借参与非洲事务宣传日本的国际贡献

冷战结束后,处于泡沫经济顶峰的日本急于在国际上实现地位的提升,当然这需要相应的"国际贡献度",来换取国际社会的"认可"。这样,日本就必须营造一种积极且建设性介入国际热点及难点问题的负责任的大国形象,来向国际社会进行宣传。

日本是怎样定义"国际社会"和"国际贡献"的呢? 从1992年2月末到3月下旬,日本第一大报《读卖新闻》曾就日本的"国

---

① 石田洋子.アフリカに見捨てられる日本[M].創成社新書,2008:65.

际贡献"问题,在日美英法德 5 国同时进行了"舆论调查"。对于海湾战争及冷战体制终结这样的重大事件,认为日本有做出国际贡献的,日本为 62％、法国为 55％、英国为 48％、美国为 47％、德国为 45％;对于日本成为安理会常任理事国一事,获得的支持率是:法国为 82％、日本为 66％、英国和德国各为 58％、美国为 57％。[①]

不言而喻,日本所关注的"国际社会"主要是欧美各国。而这一舆论调查结果显示,日本的"国际贡献"并未受到其所关注的"国际社会"的高度评价和认可。在"期待日本做国际贡献"的领域中,日本民众与欧美产生了分歧。欧美四国集中于期待日本做出经济援助方面的贡献,只有日本自身期待做出"灾害恢复、救助难民等'人的贡献'"。期待日本通过"参与联合国维和行动"来做贡献的,美国最高为 50％,英国为 45％,德国、法国为 38％,而日本国内调查则为最低的 33％。由此可见,在冷战刚刚结束的时候,对于维和行动,日本国内仍有一定抵触。这样,日本需要一个既能得到欧美认可又能得到国内支持的做出"国际贡献"的领域。而被视为"白人的负担"的非洲,正是一个用于宣传日本国际贡献的极佳案例。

在冷战期间,日本加大对非洲的援助很大一部分原因出自欧美国家对于其援助地区分配偏重亚洲的指责。冷战后,日本对非洲的关注仍旧跟随着"国际社会"转。这从七国集团首脑会议的议题变迁中可以一窥究竟。

在 20 世纪 90 年代,1996 年七国集团里昂会议的重要议题是对非洲的援助问题,这是由于主办国法国与非洲密切关系。在国际社会关注非洲的这一年,日本对非洲援助也显得积极。在该次

---

① 国際貢献「日本は不十分」 日米欧 5 か国で世論調査/読売新聞社・ギャラップ社[N].読売新聞,1992 - 04 - 22(東京朝刊).

第三章 冷战后日本对非外交的新变化(1990—2005)

会议上,日本提出了自己援助非洲最贫困国家的战略,寻求各国的赞同,同时促成了非洲发展基金的再次增资。成立于1973年、以发达国家为中心向非洲提供资金的非洲发展基金,在其近145亿美元的总资本中,日本的出资额为16.6亿美元,为第一大出资国。由于第七次增资谈判难产,自1994年开始一直没有发放新的贷款。而1996年第七次增资谈判在大阪举行,并最终达成新的协议。同年,池田行彦外相访问埃及,除了就以色列问题与穆巴拉克交换意见,表示日本支持中东和平进程外,还表明将增加对非洲的民间投资。

1997年,七国会议虽然列入了与非洲发展的伙伴关系的内容,但重点又转回了俄罗斯问题;1998年,则是南斯拉夫科索沃问题。另外,亚洲金融危机的爆发,使得日本对非洲的兴趣骤减。加上国内经济不景气,日本以金钱为支撑的对非外交能力也随之减弱。"代言亚洲"对于日本而言,成为更具有现实意义的外交努力方向。

从20世纪90年代末开始,非洲逐渐回到"国际社会"的视野。1999年6月科隆会议上,对重债务贫困国对策成了会议最大焦点之一。世行与IMF所认定的41个重债务贫困国,其中34个国家集中于中东非洲地区。2000年冲绳会议上,克林顿提出"发展中国家的贫困问题更重要",于是冲绳会议成了发展中国家问题专场。而无论是传染病还是地区冲突、环境破坏,非洲都是话题的中心。2001年7月,八国集团就援助非洲发展的行动计划达成一致。"9·11"之后,美国将贫困视为恐怖主义温床,加大反恐力度,扩大对非洲的援助。2002年西方八国首脑会议,将近一半时间被花在与非洲问题相关协议上。会议通过非洲行动计划,同意将ODA新增额的一半以上分配给非洲。阿尔及利亚、尼日利亚、塞内加尔、南非的国家首脑以及联合国秘书长安南,都出席了该次会议。2003年法国八国首脑会议上纳入了非洲议程,2005

年更是"非洲年"。2005年7月在英国举行的八国首脑会议,非洲问题再度成为中心议题。

在此背景下,日本政府将非洲与日本外交的领导作用联系在一起。2001年年初,森喜朗作为在任首相,首次访问撒哈拉以南非洲。此前,在2000年12月15日的记者招待会上,福田康夫官房长官宣布2001年森喜朗出访南非、尼日利亚和肯尼亚这非洲3国,对于首相访非的意义,他指出:"在冲绳峰会上所讨论的IT、传染病等在非洲是严重的问题,21世纪的稳定与繁荣离不开非洲";"如何参与历史、地理关系稀薄的非洲,是日本外交能否发挥领导作用的试金石。向世界表示,日本的21世纪外交,将此作为重大课题。"日本首相在21世纪的首次出访选择了撒哈拉以南非洲国家,外务省官员称其为日本外交的新开端,似乎日本这次真的要开始在非洲发挥领导作用了。2001年5月,日本外务省增设非洲审议官一职,由其专门负责非洲各国的外交事务,形成新的对非外交窗口。

在首届TICAD会议结束后,外务省的自我评价第一条,也是此后日本最为津津乐道的一点便是:这次东京会议是在"冷战终结,国际社会对非洲的关注日趋淡薄之时召开,创造了唤回对非洲关注的开端"。而事实上,在冷战结束以后,日本对非洲的关注度仍是起伏不定的,其决定性因素不是在于非洲本身,而是在于欧美的非洲的态度。简言之,日本宣传国际贡献的真正对象是欧美。但也正是因为欧美对非洲的关注,使得非洲对于一心希望成为政治大国的日本,作为向"国际社会"宣传自身贡献的案例而具有极大的价值。

二、对非援助与负责任大国形象的塑造

冷战时期,"利他"的欧美援助并未多大程度地改变非洲的贫困状况,而日本的援助却实实在在地在亚洲取得了成果。日本的

第三章 冷战后日本对非外交的新变化(1990—2005)

成功与欧美的失败相对应,非洲发展问题为日本提供了在援助上谋取主导权,进而为自己的发展模式做证明的机会。而通过主导发展问题,日本证明其为世界现代化做出贡献,是当之无愧的世界大国。然而在非洲援助问题上,由于欧美长时间的经营,使得日本要在非洲实现自己的外交目标阻力重重。

(一)对非债务减免与日本经济利益的损失

对日本而言,援助从来不是慈善事业。起始于对东南亚援助的日式援助具有极其现实的目的:确保日本的资源进口和日本产品的出口市场。日本从不将援助视为慈善事业,而是视作能为自身谋取经济利益的"经济合作"。而这与欧美所定义的"慈善事业"概念并不吻合。这一点在债务减免问题上表现得非常突出。

早在1978年,瑞典、瑞士、加拿大以及荷兰,已经表明对于最不发达国家的债务进行"免除",来实施救援。在同年3月的联合国贸发会议理事会议上,德国、英国也表示了救助的意向,只有日本与美国没有表态。在冷战结束之后,日本与欧洲国家在减免债务这个问题上的分歧进一步凸显。这一点在1992年的ODA大纲中可见一斑。日本表示,"对于市场机制下能够充分发挥民间创意、经济结构的调整以及解决累积债务问题等,给予适当支持"。[1]

日本坚持不让步的债务问题,牵扯最大的恰恰是非洲国家。20世纪80年代的债务危机,同样也在非洲发生。与南美的债务危机不同,由于对非洲国家的援助多来自政府,所以债权也多掌握在发达国家政府、世界银行等国际机构手中。于是很多非洲国家将第一届TICAD视为实现债务减免的良机,然而会议主办方显然不希望在会议中包含进该内容,而是希望将此讨论留在

---

[1] 外務省経済協力局編.我が国の政府開発援助1993年版[M].1994:17.

巴黎俱乐部以及七国首脑会议这些根本没有非洲国家发言机会的场合。在 TICAD 会议中,仍旧有代表公然谈及债务减免问题,比如坦桑尼亚总理、英国代表等。而最终通过的《东京宣言》里,对于债务问题只有一句"需要在整体考量中尽快处理债务问题"。由于控制了整个会议议程,使得日本可以直接从程序上将这个棘手问题剔除出去。

20 世纪 90 年代接近尾声的时候,债务减免问题再次被"白人国家"提上主要议程。1998 年伯明翰的七国集团首脑会议在英国举办,当时布莱尔政府刚上台不久,恰逢巴黎俱乐部达成的从 1988—1996 年减免债务 80% 的协议到期。英国向其他发达国家、援助体系要求,对低所得国家采取根本性的公共债务减免措施。1999 年 6 月的科隆会议上,对重债务贫困国[①]的债务处理成了会议最大焦点之一。与日本同样握有大量债权,原本也不愿意的德国改变了态度,建议七国集团至 2000 年之前放弃所有债务,美英均表示支持。

日本虽然支持扩大援助,但对于放弃债权态度谨慎。其实在 DAC 的指责下,日本对非洲的援助在冷战时期已经领先于其他地区,进入了主流的"慈善模式"。1994 年,日本的双边 ODA 额中无偿援助所占比重为 24.8%,日元贷款所占比重为 44%;而日本对非洲的 ODA 中无偿援助所占比重为 61.4%,日元贷款比重为 20.2%。虽然在 DAC 中这个比率甚至还没有达标,但是已经远远高于日本本身 ODA 的平均。对于非洲的援助,无偿援助所占据的份额已经比较大,而且日本对非洲的援助总量并不算巨大。日本之所以不肯在债务问题上让步,一方面是源自存在于非洲的一定经济利益——根据统计,对于发达国家对重

---

① 世行与 IMF 将 GNP 为 695 美元以下,债务对 GNP 比率达到 80% 的国家规定为重债务贫困国。

债务贫困国的 ODA 债权余额,日本占据全体的 40%、法国为 25%、德国为 20%①——更是为了不让"无偿援助"这种方式无限制的扩散。1999 年,41 个被认定符合标准的重债务贫困国中,34 个国家集中于中东非洲地区,亚洲只有缅甸、老挝和越南三国。结合日本在亚洲地区的 ODA 投入,以及 ODA 的实施方式,显然"无偿援助"的主流方式如果进一步推广,会威胁到的是日本在非洲以外地区的依靠 ODA 所获得的巨大利益。1993 年,日本在东京七国会议上所努力追求的,归根到底还是通过对援助对象的分层,确保了自己可以在发展程度较高的亚洲继续合法地施以"有偿援助",从而确保自身的经济利益。

日本认为这样的免除债务,日本的负担太大,缺乏公平性。对于债务救助,日本提出将与返还数量相同额度的无偿资金援助,作为新的援助来实行。对国际机构比如国际开发协会、世行与 IMF 下设置的信托基金②增加出资。最终七国首脑会议达成一致,"认识到债权国之间公平负担的重要性,七国集团各国准备为资金问题的解决做出贡献",加入了日本与法国等要求的"发达国家间的公平负担"。③ 1999 年 6 月,在科隆会议前,加拿大已经表明全额免除债务,1999 年 9 月开始到 2000 年 1 月,美国、英国、法国等都发表声明,表示 100% 削减债务。

2000 年 4 月,在 IMF 与世行举行的关于发展问题的部长级会议之前,日本终于表示出全面免除债务的意向。2000 年 4 月的记者会上,青木干雄官房长官指出:"在冲绳八国峰会上,预计会涉及减贫等问题,作为主席国,将尽最大努力来

---

① 重債務貧困国へ救済　日本の役割　自助努力まず説得、返済期限緩やかに(解説)[N].読売新聞,1999-06-09(東京朝刊).
② 该基金对重债务贫困国提供免息融资或者赠与,需要 41 亿美元资金,但七国集团中只有日本出资约 6 300 万美元。
③ 重債務国の救済、30か国超に拡大　サミット宣言に盛り込みへ[N].読売新聞,1999-06-10(東京朝刊).

发挥主导性。"①而事实上日本根本不愿意放弃所有债务。当时，日本手中握有 1 400 亿日元的 ODA 债权。通过这样的表态，日本表现出在大原则上与欧美国家的妥协，指望冲绳会议上来自欧美的压力可以减小一些，能够由自己来发挥领导作用，通过延迟支付等方式来进行处理，尽量减少损失。

2005 年，七国首脑会议又回到了英国。会议上虽然在一些问题上有所分歧，比如在设立 IMF 等现行机构之外新的援助框架上，法、德、意都同意英国意见，而日、美表示反对。然而，对全额免除在世行的国际开发协会等国际金融机构所持有的最贫困国债权问题上，只有日本仍然表示反对。在 6 月的八国财长会议上，英国提出对于埃塞俄比亚、加纳等非洲 14 国以及中南美 4 国，世行等国际金融机构立刻实施全额减免。其他最多 20 国，以确保健全的政治体制、处理腐败等条件下进行全额减免。最终会议达成一致，原则上对最贫困国实施全额债务减免。至 2003 年末为止，最贫困国从世行等国际机构借入的公共债务达到 696 亿美元，而放弃的这 18 国债务达到 400 亿美元以上。日本的财务省以为这 18 国的债务只有 180 亿美元。② 在"白人集团"内部，日本这个"名誉白人"的抗议事实上并没得到贯彻，而为了避免被孤立，只能不情不愿地接受欧美定下的对重债务贫困国的救助计划。③

日本对非洲的债务减免的态度，与非洲国家的需要无关，只跟欧美的态度有关。日本极其委屈的一点在于，其在援助非洲

---

① 重債務貧困国向けの非 ODA 債権帳消し 青木官房長官が方針[N].読売新聞,2000-04-10(東京朝刊).

② [なるほど！経済]日本のアフリカ支援 方針巡り欧州と対立[N].読売新聞,2005-02-08(東京朝刊).

③ 吉田栄一編.アフリカ開発援助の新課題—アフリカ開発会議と北海道洞爺湖サミット[M].アジア経済研究所,2008:34.

上,在整个冷战期间呈现出与欧美国家的高度同调性。20世纪90年代,由于欧美的援助疲软,日本代为对非洲地区进行了大量援助,而到了21世纪初,这些日元贷款开始到了归还的日期,于是又成了欧美各国批判日本的靶子,指责日本的援助加重了非洲各国的痛苦。虽然无法阻止欧美国家的决定,日本却采取了惩罚性措施来"止损"。日本政府决定对于寻求债务救助的国家不供应新的日元贷款,由此来制止贫困国家轻易选择免除债务这一招致"道德欠缺"的选项。这样,非洲又成了最大的被惩罚者。

从20世纪90年代末至21世纪初,除了极少一部分,日本几乎停止了其所有对撒哈拉以南非洲国家的日元贷款中的新增项目。2003年,只有对突尼斯、摩洛哥以及肯尼亚的一小部分贷款。直到2005年7月西方八国首脑会议上,日本政府建议创立EPSA(Enhanced Private Sector Assistance for Africa)"强化对非私营部门援助计划",决定与非洲发展银行进行合作,再次开始了对撒哈拉以南地区进行日元贷款支持。日本承诺提供10亿美元贷款以实施私营部门发展策略,而该计划首期已于2010年完成。

在债务减免问题上,欧美仍然表现出对于非洲发展问题的强大控制力,在这样的阻力面前,日本再三抵抗,最终仍是接受。日本需要借助援助非洲向欧美宣传自身贡献,这种接受也在情理之中。其意图在于牺牲一定的经济利益,可以换来更大的政治回报,如同在冷战中已经表现出来的那样,日本在被动接受过程中仍在一些方面谋得一定的主动。日本以欠债清空不符合日本的援助理念为由,对非洲采取了一定的惩罚措施。然而这种惩罚针对的是非洲,而非欧美。而在2005年入常冲刺时期,日本再次选择开始对非洲提供日元贷款,在对非援助上的功利性又显现无遗。对于谋求成为政治大国的日本,如何培育出真正的"政治能力",确实是一大问题。

(二) 对欧美援助条件的修正

日式援助与欧美援助模式的不同,以及欧美对于日本"异质性"的持续施压,由于冷战的结束,使得日本受到的外在压力有所减轻。日本在面临不得不修改自身经济模式的同时,也尝试以对非援助来谋求掌握一定的主导权。

1990年7月9日,在休斯敦举行的冷战后首届七国首脑会议通过的《确保民主主义宣言》,表示支持"民主主义"、加强"人权",在市场经济的国际经济体系下实现经济再建与发展。在冷战结束后,欧美集团的援助潮流转向"民主化"、改善"人权"状况等,并将受援国对于捐助国提出的政治要求的实施状况来决定援助资金增减这一行为正当化。

冷战结束后,日本也将民主和人权纳入其对外援助的政策目标中。1991年4月,海部俊树首相表明了日本的ODA四原则,涉及军费支出、核武器等大规模破坏性武器的研发、武器进出口以及"民主化"程度。在1991年4月底,海部首相前往东南亚各国访问,对于刚在2月发生政变、仍在戒严令下的泰国,日本原本是冻结了日元贷款。而首相在访问时表示希望尽早开始对泰国的援助。1992年,出台了ODA大纲中,四条基本原则如下:"环境保护必须与发展协调进行;应该避免受援助国将日本的发展援助用于军事目的和加深国际冲突;应该密切关注受援国的军事开支趋势,开发和生产大规模杀伤性武器和导弹的趋势,武器出口的趋势等,以维护和巩固国际和平与稳定;应该密切关注受援国促进'民主化'和发展以市场为导向的经济,以及尊重基本'人权'的情况。"①

第一届TICAD最后一次全体会议讨论"国际合作与东京宣言"时,羽田外相所做的演说也包括:"1. 支持民主化;2. 支援经济改

---

① 外務省経済協力局编.我が国の政府開発援助1992年版[M].1992:53-54.

革;3. 协助人才培育;4. 协助环境保护;5. 实施有效的 ODA。"①

大纲的颁布至少表明了日本自己的援助判断标准,而非之前那样,为与他国方针进行协调而实施制裁,停止援助。但日本在亚洲与非洲的 ODA 对"民主""人权"标准的落实上是极其不一致的。如果说对原社会主义国家蒙古的援助仍能以促进之后的"民主化"相连,那么对缅甸停了又开的 ODA,1992 年开始对社会主义国家越南的正式 ODA,显然只能从"建设性参与"角度来考虑。在大纲颁布之后的 1997 年,日本也没有停止对发生政变的柬埔寨的援助。

从 1990—1999 年,对于比较重要的一些"民主化"相关事件中②,如 1990 年的缅甸、1991 年的海地、1992 年的秘鲁、1993 年的危地马拉、尼日利亚、1994 年的赞比亚、1997 年的柬埔寨、1999 年的巴基斯坦、科特迪瓦,日本没有停止对 1992 年的秘鲁、1997 年的柬埔寨的援助。日本在亚洲实施援助时,对民主化的处理显得更有弹性,而对于非洲的援助则要符合标准得多。日本在 1991 年度对喀麦隆实施无项目无偿援助,在 1993 年世行、IMF、非洲开发银行、法国发展基金等都停止了对其援助,日本于是质疑 1993 年 10 月实施的大选有效性,以不符合民主化为由停止对喀麦隆的援助。肯尼亚在 1991 年的巴黎会议上被援助国以人权问题、腐败等批评,并停止了对其援助,而日本也积极响应。到 1992 年 12 月肯尼亚实施大选,再次当选的莫伊在 1993 年 4 月得到世行 IMF 认可后,肯尼亚才再次获得了结构调整援助与双边援助。从 1991 年到 1998 年,日本针对非洲国家实施了 12 起以民主化和人权为理由进行的制裁,但在亚洲却并没有这么"严格"。而且

---

① 川端正久.アフリカ開発会議と日本のアフリカ外交アフリカと日本 アフリカの21世紀第 4 卷[M].勁草書房,1994:98.
② 具体参照日本学者日本の「民主化外交」— 1990 年代以降の日本の民主化支援活動[J].京都女子大学现代社会研究,2009:37-38.

对非洲各国的制裁更像是配合欧美国家的行动,欧美认为不民主,日本也将之视为不民主。

在召开第一届非洲发展国际会议时,外务省以利比里亚和索马里不是正统政府,利比亚正受联合国制裁,苏丹侵犯人权为由将这四个国家排除在外,苏丹大使馆对此发表抗议声明。而如果从侵犯人权国家不得参与角度出发,那么扎伊尔、塞拉利昂这些日本政府以侵犯人权为由停止 ODA 供应的国家也没有参加的资格,但事实上这些国家都受到了日本政府的邀请。某种意义上而言,日本确实还处于学习如何使用"民主""人权"标准的阶段。

日本的经济援助,一向以不干涉内政相标榜。20 世纪 80 年代,日本所援助的国家的前几位很难说有几个符合"民主化"标准。1988 年的 ODA 白皮书仍很明确地表示作为援助的领导国家的"自觉",要注意在不干涉内政情况下,不仅是援助,对发展中国家的经济发展的方式、宏观经济政策进行积极建言。日本之前一直以遵守联合国宪章关于不干涉内政的原则为由,避免对别国的民主和人权状况发表评论。而从东西对立中"胜出"的欧美国家,将民主与人权作为施以援助的统一标准。在 1991 年的海湾战争之后,对于支持伊拉克的日本援助,指责之声高涨,日本在巨大的压力下不得不尝试着将"民主""人权"纳入援助概念之中。

1990—2004 年,日本的 ODA 共计 11.6 亿美元,用于经济发展的为 5.38 亿美元,将近一半,占据 DAC 各国的首位。德国在 8.09 亿美元的援助中用于经济发展的仅为 0.67 亿美元,法国的 4.56 亿美元中为 0.95 亿美元,英国为 19.31 亿美元中的 4.51,而在美国的 43 亿美元的庞大 ODA 中,用于经济发展的为 5.2 亿美元[1]。日本的 ODA 重点本质上仍是经济发展,在实际操作中

---

[1] OECD Database, DAC Credit Reporting System, http://www.oecd.org/dataoecd/50/15/5037782.htm.

"民主化"在事关切身利益的亚洲可有可无,在非洲则多是一种展示,用以展示日本与国际主流的同调性。

从2000—2005年,日本虽然没有积极推进,但也没有以"民主化"来停止过对他国的ODA,其中包括最受欧美关注的津巴布韦。2000年开始,欧美与穆加贝关系进一步恶化,质疑津巴布韦选举有效性。2002年开始,美国、欧盟对津巴布韦进行经济制裁。而与此相对的,日本仅仅表示了"遗憾",也没有停止对津巴布韦提供ODA。而2005年2月日本所制定的新的ODA中期政策中,重点课题内也不再包括支援"民主化"的条目。2006年的《外交蓝皮书》中已经不再特意提及"民主化"。

1998年12月,小渊惠三首相提出了"人的安全保障"概念;1999年3月,日本在联合国内设立了"人的安全保障基金",此后持续对该基金出资,使该基金逐步成为联合国内最大的信托基金。2001年1月,森喜朗首相在南非进行的政策演说中表示,21世纪的日本外交将以"人的安全保障"为中心。2003年ODA大纲修订,内容包括:支持发展中国家的自助努力;促进人的安全保障;保证公平;利用日本的经验和技能;加强国际社会的伙伴关系与合作。① 日本终于将日式援助与"人的安全保障"这样一个日式"民主化"标准设定挂上了钩。而2003年第三届TICAD开始,"人的安全保障"也被纳入了会议决议中。日本在自己所主办的各种会议上,积极地对此概念进行宣传。

日本政府所提倡的人的安全保障,是对于环境破坏、违法药物、跨境犯罪、贫困、HIV/AIDS等威胁的安全保障②。按照日本自己提出的概念,在"免于匮乏的自由"和"免于恐惧的自由"中,日本政府的重点显然在"免于匮乏的自由"上。这与偏重经济发

---

① 外務省.政府開発援助(ODA)白書 2003年版.2004-04. https://www.mofa.go.jp/mofaj/gaiko/oda/shiryo/hakusyo/03_hakusho/index.htm.
② 外務省.パンフレット人間の安全保障基金 2007年版[M].2007:7.

展、不喜欢干涉内政的日式援助传统是一致的,也不与日本的和平宪法框架抵触。如果真的贯彻此概念,日本的援助也可以是极其"利他"的。而且,日本的"人的安全保障"所涉及的问题,非洲一应俱全,更是 AIDS 等问题最大受灾区,亟须解决。而日本这种注重经济发展的"人权"理念,也更能被致力于经济发展的非洲国家接受。

在概念所呈现出来的"人道主义"框架指引下,日本的 ODA 理应流向更为贫困的地区,尤其是集中了大多数最不发达国家的非洲。然而 2005 年 ODA 白皮书显示对于最为贫穷的非洲的援助额只是日本全球援助的第四位。第一位是东北亚,第二位是东南亚,第三位是中东。对于大洋洲这样人均 GNI 为 1 955 美元的地区,个人所获得来自日本的援助为 5.26 美元,而非洲这样人均 GNI 为 870 美元的地区,人均收到的援助为 0.87 美元。

在非洲的援助也是如此。对于塞内加尔这个非洲各国中 HDI(联合国开发计划署所提供的人类发展指数)为 0.81 的国家,人均收到的 GNI 为 7.98 美元,而最贫困的尼日尔 HDI 为 0.281,人均获取援助为 1.08 美元;几内亚比绍 HDI 为 0.348,获取援助为 0.01 美元。尼日尔与几内亚比绍并非难以开展援助活动的冲突国家,然而日本的 ODA 并没有流向最贫困的人口,反而更多地流向 HDI 高的国家[①]。显然,实际执行所呈现出的结果并不能支持起日本自身所提出的概念。归根到底,日式援助的根本意图是要谋求经济收益的,对于判断为无法产生收益的地区,日本仍是"谨慎"的。

在外务省的官方网页上,"人的安全保障"却是被归类在"日本的联合国外交"之中,作为日本所要重点参与、发挥领导力的领域之一。在 2000 年的联合国千年大会上,森喜朗首相在演说中

---

① 石田洋子.アフリカに見捨てられる日本[M].創成社新書,2008:70.

提出邀请世界有识之士建立人的安全保障委员会。2001年1月，在东京由当时联合国秘书长安南与原联合国难民事务高级专员绪方贞子共同发布建立，而绪方贞子担任该委员会共同主席之一。该委员会接受日本政府、洛克菲勒集团以及世界银行等的财政支援，独立于联合国、各国政府、国际机构之外，自行运营。而委员会所提出的最终报告则提交给联合国秘书长安南，在2003年6月30日完成使命后之后解散。

在联合国内的"人的安全保障基金"以联合国相关机构为援助对象。而申请手续的审查由日本政府和联合国一同进行，并在联合国秘书处内设立了专门的事务机关，显示联合国与日本在人的安全保障上的紧密合作关系。如果将其放置于联合国外交的文脉中进行理解，显然"人的安全保障"也是一个具有很大"形象工程"性质的概念，也不难理解最适合推行这一概念的非洲为何并没有从中真正获益。

在联合国中，日本遭到了来自以加拿大政府为中心的小组的挑战。加拿大所提倡的"人的安全保障"，不仅包括日本这一对日常生活中人的安全保障，还包括在冲突状态下以及冲突后恢复时期的人的安全保障。加拿大与挪威等合作，在1999年设立了"人的安全保障网络"，包括部长级别的会议，并持续运作，成为国际政治场所推动人的安全保障的一大力量。[①] 之后，更是发展出了"保护的责任"这一概念，为当时北约空袭科索沃是否违反国际法辩护，认为对于那些无法保护国内民众生命与安全的国家，基于人道主义目的可以由国际社会承担保护责任。这实际上是对国家主权绝对性的否定，对于国际社会原则造成巨大冲击。加拿大等提出的"保护的责任"被纳入了2005年的联合国大会最终文件中。而日本所提出的人的安全保障，在那时仍停留在"联合国大

---

① 太平剛.国連開発援助の変容と国際政治[M].有信堂，2008：103.

国进行讨论并定义"①的阶段。这对日本产生了极大的刺激,意味着日本在这一问题上的努力是失败的。

日本所提出的"人的安全保障",就像日本提供 ODA 的倾向般,在尊重欧美主流的同时,又希望保留自身特色。日本为宣传这一个概念花费不菲,却仍输给了白人自己的修正版。

(三) 借 TICAD 推广"亚洲经验"

日本对非洲推广亚洲经验最主要的平台是 TICAD(东京非洲发展论坛)。这里,首先对 2003 年为止的三届 TICAD 的主要内容进行梳理如下②:

TICAD I (1993 年 10 月)

主办方:日本政府、联合国、非洲问题全球联盟。

规模:48 个非洲国家、13 个援助国(机构)、8 个国际机构、3 个主办方代表以及观察员共 500 人出席。这是日本战后首次举办如此大规模的非洲关系国际会议。

结果:《东京宣言》在支持非洲政治和经济改革、通过私营部门进行经济开发、非洲地区合作和一体化、紧急救援和发展、吸收亚洲经验以促进非洲发展和南南合作、加强国际合作、后续行动等 7 个方面达成共识。

TICAD II (1998 年 10 月)

规模:总共 80 个国家,包括 51 个非洲国家、11 个亚洲国家、18 个欧美国家及 44 个国际组织的代表,其中有 13 个国家的

---

① 日本参議院.2006 年 10 月 23 日.第 162 回国会参議院本会議議事録第 7 号. http://kokkai.ndl.go.jp/cgi-bin/KENSAKU/swk_dispdoc.cgi?SESSION=29665&SAVED_RID=2&PAGE=0&POS=0&TOTAL=0&SRV_ID=9&DOC_ID=4309&DPAGE=1&DTOTAL=24&DPOS=20&SORT_DIR=1&SORT_TYPE=0&MODE=1&DMY=3558.

② 本文中出现的 TICAD 相关官方声明等,皆参照自日本外务省官网:http://www.mofa.go.jp/mofaj/area/ticad/index.html.

首脑与会。

结果:会议发表了关于非洲发展的《东京行动计划》,分为社会发展、经济发展、善治、防止冲突以及冲突后的发展三个领域。强调南南合作及推动民主化和解决争端的必要性。提出主事权(ownership)与伙伴关系(partnership)两个概念,确认非洲各国在非洲发展中的自主权以及国际社会对其进行协作的根本原则。

TICAD Ⅲ(2003 年 9 月)

规模:非洲国家元首和政府首脑 24 人,国际机构的负责人 20 人,89 个国家、1 000 多名代表与会。

结果:确定日本的非洲发展政策的三根支柱:以人为中心的发展、通过经济发展减贫和巩固和平。八个议题:巩固和平;能力建设;以人为中心的发展;基础设施建设;农业发展;私营部门发展;扩大伙伴关系;与公民社会对话。会议发表了东京非洲发展国际会议十周年宣言(TICAD Tenth Anniversary Declaration)。强调国际社会对非洲发展新伙伴计划进行支持,强调非洲国家对自身发展进程的主事权和国际社会支持这种主事权的伙伴关系对非洲的发展至关重要,扩大非洲发展新伙伴(亚洲各国等)。强调亚洲诸国经验的多样性,表明非洲可以吸取亚洲的经验与教训。

第一届东京非洲发展国际会议的两大议题之一就是"亚洲的经验和非洲的发展"。会后所通过的《东京宣言》,强调发展模式并非从一个地区照搬去另一地区;从东亚以及东南亚的经验出发,归纳宏观经济政策的合理运用、对于教育的投资、早期实施土地改革等亚洲之所以会成功的要素。而所谓的东亚以及东南亚的经验就是日本援助的经验,亚洲的成功是日式援助成功的证明,也是日式发展模式成功的证明。

1993 年召开第一届 TICAD 时的日本,泡沫经济破灭的威力还未充分显现,基于自身强大经济实力上,加之东亚起飞与非洲没落的两相对照,此时日本对自己的发展援助模式为拥有最强的信心。当年,通产省在《经济合作的现状以及问题点》中论述到重点对于电力能源、运输通信、灌溉等经济基础设备进行铺设而提供资金援助,而且并非是赠予,而是伴有返还义务的贷款更能促进发展中国家的自力更生。① 以此来反驳欧美各国对日式援助的批判。而在会议举行前一个月,世界银行发表了《东亚的奇迹》,认为东亚的经济成功源自有别于欧美的模式,认可依靠政府主导的产业、金融政策的有效性,也提高了对于建立在日本经验之上、重视经济基础设施建设日式援助手法的评价。

然而与会的非洲代表,对日本所要推广的亚洲经验反应并不积极。日本希望与会非洲国家学习的亚洲发展模式,以"开发独裁"著称。在冷战结束后,非洲各国还在"被"民主国家化的进程中。1989 年 12 月末,非洲的 52 个国家中,实行一党制的国家事实上有 30 个,此外还有 5 个军事政权国家,真正实行竞争性复数政党制的只有摩洛哥和毛里求斯。而在冷战结束后,从 1990 年 1 月到 1993 年 1 月间,一党制国家中有 28 个国家实现或者约定实现向多党制的转换。② 日本所提倡的亚洲模式显得与当时的非洲潮流趋势格格不入,而日本不愿也不敢旗帜鲜明地将所谓的"民主化"排除在发展议题外。在会议召开前,日本以民主化原因暂停了对塞拉利昂等国的 ODA,更以苏丹侵犯人权为由将其排除在会议之外。

事实上,比起非洲的发展,日本更关心的是自身发展模式得到认可。在战后的发展实践中,日本确实形成了自己的一套区别于欧美的发展模式。20 世纪 90 年代初,当非洲各国开始接受世

---

① 通商産業省.経済協力の現状と問題点 1993 年版[M].1993:142.
② 小田英郎.90 年代南部アフリカ諸国の政治体制と民主化.南部アフリカ諸国の民主化[M].アジア経済研究所,1993:5-7.

第三章 冷战后日本对非外交的
新变化(1990—2005)

行、IMF 的指导,通过"结构调整"来换援助的时候,日本也迫于压力,进入经济"结构调整"阶段。从 20 世纪 80 年代开始,愈演愈烈的日美间贸易摩擦,最终上升到经济结构问题的层次,通过日美结构谈判,在 1990 年 7 月发表了《日美结构问题调整协议》。1991 年 11 月,海外经济合作基金 OECF 发表的《关于世界银行结构调整途径的问题——作为主要伙伴的建言》一文中,对世行、IMF 主导的结构调整进行了实质性批判,认为结构调整虽然在很多国家取得了一定效果,但是批评在条件缺乏区域强行推行民营化,认为世界银行在撒哈拉以南地区推行的民营化是背离发展中国家现实的做法,质疑世界银行让大多数发展中国家将基础部门委托于外国资本这一选择,是否能在政治上、社会上长期维持;强调并不应该推行性急的进口自由化,而应在一定时期内,通过对国内产业进行保护培育出口产业。[1] 中心在于"以产业政策为中心的经济发展战略"这一亚洲的经验在国家发展问题上具有非常重要的参考价值。

欧美各国从 20 世纪 60 年代开始援助非洲,结果却得到一个越发贫困的非洲。欧美在非洲的失败,也为日本回击欧美对日式经济模式的诟病、抵消要求日本改革经济结构的压力提供了独一无二的事实案例。1993 年,TICAD 通过的《东京宣言》里仍旧对持续多年的结构调整计划提出了含蓄的批评:第一,结构调整计划没有考虑到非洲国家的特殊情况和要求。第二,任何政治和经济改革都应以减贫和提高人民福利为目的。第三,结构调整计划只注意到经济层面,这是不合适的,应注意政治与经济改革同行。欧美援助非洲失败,日本援助东亚成功,非洲的失败与亚洲的成功区别在于欧美的援助与日本援助。日本的发展援助未必必然

---

[1] 海外経済協力基金.世界銀行の構造調整アプローチの問題点について[J].基金調査季報73号,1992.

带来非洲的成功,但仍有可能。在这样的两相对比之下,产生了日本对于"将东亚发展模式运用到其他发展中国家的强大信心",自我肯定了"日本独特的外援方式",在这些前提下认可"民主、良政和妇女对发展方针的指导作用"①。

日本将 TICAD 定位为"学术会议",从 1993 年第一届 TICAD 开始,日本政府一直坚持着一个原则,即 TICAD 是探讨非洲发展方式的场所,希望借由会议来论证东亚模式的合法有效,具有普适性。"亚洲的经验"成了贯穿 TICAD 的中心概念,也贯穿了冷战后日本援助非洲的所有会议之中。除了 TICAD 以外,1994 年,在东京召开了大藏省、国际货币基金组织和世界银行共同举办的研讨会"非洲发展战略:东亚的奇迹如何在非洲再生"。1997 年,外务省与国际开发高等教育机构联手开展了对非援助新阶段的展望的项目。同年,亚洲经济研究所主导开展了"东亚的开发经验:经济体系方式的适用可能性"研究项目。

2001—2003 年,日本国际研究所开始了对亚洲发展经验为基础的相关调研活动。2002 年 7 月 12 日,在东京召开"中日韩+东盟十国"的东亚发展倡议(IDEA)部长级会议上,在论证东亚型发展模式的有效性的同时,日本尝试与参与的东亚各国合作将此方式推广到国际,并取得一致同意。2002 年 8 月 26—29 日,访问埃塞俄比亚、安哥拉两国的川口顺子外相在亚的斯亚贝对非洲各国外交使节团进行的演说中,宣传当时刚上台的小泉纯一郎内阁提出"亚非合作",希望将"东亚的奇迹"运用于非洲发展。同年,川口在约翰内斯堡举行的"可持续性发展世界首脑会议"上所做的报告中,宣传支撑"东亚奇迹"的日本援助的作用,强调非洲发展应借鉴亚洲经验。

---

① 源自 1995 年日本提交联合国发展行动工作小组的被称为日本提交给国际组织的有关国际发展最全面的文件。这三点是该文件的三大亮点。具体参见:太平剛.国連開発援助の変容と国際政治[M].有信堂,2008。

第三章 冷战后日本对非外交的新变化(1990—2005)

日本虽然热心于通过 TICAD 等机会向非洲推销亚洲模式,但是日本不自己动手,而是致力于推动"南南合作"。所谓的"南南合作",意指日本并不参与对非洲的直接合作,而是将活用亚洲的发展经验委托给东南亚各国,由日本政府进行资金援助。与欧美政府相比,日本这种回避直接参与非洲事务的姿态显得更加克制。事实上,这种克制的姿态反映出的是日本其实并不具备具体战略,日本政府也没有足够的信息与经验可以参与其中。[1] 另一方面,也足以显示,在此时的日本外交整体布局中,非洲仍处于极其边缘的地位。

20世纪90年代中期之后,日本多次牵头举办亚非国际合作论坛。值得注意的是,2000年5月日本招待驻东京的非洲五国大使,对即将举行的冲绳八国首脑会议进行讨论。在冲绳会议召开前的7月12日、13日,日本又邀请联合国贸发会主席国泰国、不结盟运动主席国南非、七十七国集团主席国尼日利亚,作为发展中国家代表,对防止地区争端、推进发展中国家的发展等征询其意见。而在冲绳八国首脑会议上,在日本的主持下,首次招待了几个非洲国家首脑,把非洲发展问题列入了八国峰会的主要议题之中,俨然是手握亚非合作主导权的"亚非盟主"。而日本的这一举动,是在非洲问题日益升温、欧美开始不同程度地"回到非洲"这一大势下所产生的。此时,日本与欧美在债务减免上分歧严重,日本积极运作,就是希望以亚非国家为后盾,主导发展问题走向,来减少自身在七国集团内的孤立。

日本在七国集团这一"高级白人集团"内部是孤独的。七国集团的构造是,美国与加拿大两个北美国家、英法德意四个欧洲国家,只有日本孤零零一个亚洲国家。大西洋两岸内部尽管有所

---

[1] 青木一能.これがアフリカの全貌だ貧しい国が一転、豊かな国へ[M].かんき出版,2011: 119.

分歧，通过排列组合，总是能找到伙伴来分解压力，而日本经常陷入独自面对六国压力的境地。哪怕是日本做七国首脑会议东道主的时候仍旧如此。1979年首届东京七国首脑会议，欧美各国之间事先做完协调，再通知日本来接受对石油实行限量进口的决定。1986年东京会议上的重点，是要求日本削减贸易黑字。1993年会议的重点仍是手握大笔贸易黑字的"日本问题"。而身为东道主的日本，不仅每次都被要求与各国协调，更尴尬的是，会后通过的宣言中还会批评日本，要求日本完成各种任务。

20世纪90年代，日本所关心的问题与其他国家所关注的总存在着落差。比如1998年的八国集团会议上，首先讨论的是中东问题，日本外长就没有发言；接下来的尼日利亚问题，日本继续没有发言。在两个多小时的讨论中，将近3/4的时间，围绕着南斯拉夫科索沃问题展开。俄罗斯与欧美5国进行激辩，外务省却认为"科索沃问题，日本既不关心又无利害关系"，所以日本就说了一句"支持5国做出的制裁决定，日本也会讨论如何进行对应"。① 在会议上，日本只想"为亚洲代言"，重点宣传自己在柬埔寨问题上做出的贡献以及在废除对人地雷问题上发挥的领导作用。

到了2000年，日本却邀请非洲国家领导人参与到八国首脑会议中。这又是为何而为呢？其实，从冷战时期开始，为了减少在集团内部的"孤立"，日本就尝试过利用东京主场的机会来介绍其他国家，加入七国集团的讨论之中。1979年，日本尝试邀请澳大利亚参加七国首脑会议，被欧洲各国拒绝。1986年，日本再次尝试邀请澳大利亚及一些亚洲国家参与，仍旧没被接受。冷战结束后的1993年，日本试图邀请当时的不结盟国家主席国印度尼

---

① G8外相会議　関心の差、浮き彫り　中東・東欧情勢討議で日本の発言少なく[N].読売新聞,1998-05-10(東京朝刊).

西亚参与。最终,虽然成功实现了印尼参加日美首脑会议,却仍然无法让其进入七国首脑会议的议程中。一直到2000年,日本邀请非洲国家领导人参与到八国首脑会议中,居然取得了成功,足见此时欧美对非洲问题的关注,而日本在七国集团内部的弱势也可见一斑。

此后,非洲问题被固定到了八国集团议程内,日本政府也尝到了甜头,抓到了欧美的"痛点",找到了更为合适的宣传切入口,于是更加重视所谓的"亚非合作"。2002年8月26—29日,川口外相在访问埃塞俄比亚、安哥拉两国时就积极呼吁非洲国家开展"亚非合作"。而在第三届TICAD上,小泉表示"日本希望在非洲和亚洲之间起到桥梁作用",并以"非洲新稻谷"作为日本为之所做努力的象征[①]。近些年有西方学者也指出,日本举办东京非洲发展会议"似乎是在向国际社会暗示日本与非洲有着紧密的伙伴关系,日本可以利用其发展经验和东亚影响力推动西方国家的非洲议程"[②]。

(四)日本援助非洲的局限

外务省1992年非洲大使会议记录显示,召开非洲发展会议是"向外宣布"在先,后再开始做的计划。而外务省感到棘手的是,会议是否应该为与会的非洲代表准备比如无偿援助之类的"礼物"。驻联合国大使波多野敬雄则提出,因为会议当天会有全球主要媒体到来,所以虽然将会议定位为"学术性会议",还是应该准备礼物[③]。在此时,很难说日本有扩大对非资金投入的打算。在召开TICAD的最初阶段,援助被视为"礼物",并没有什么长期

---

① 外務省.外交青書2004版[EB/OL].2004-04.https://www.mofa.go.jp/mofaj/gaiko/bluebook/2004/index.html.
② Elizabeth. Donnelly, 2008, The Tokyo International Conference on African Development: Something Old, Something New?, AFP-BN1 08, p.12.
③ 外務省中近東アフリカ局.1992.アフリカ大使会議(平成4年度).外務省外交記録文書.2008-0151.

规划,也就不存在具体的对非援助战略。

在20世纪80年代日本对于非洲的援助已经在各种敲打下上升到了10%以上。在日本召开TICAD,以援助非洲来为宣传自己的国际贡献时,日本对非洲的ODA仍维持在10%左右,不仅远远没有达到对亚洲ODA的贡献程度,与其他地区相比,也没有呈现出巨大的差距。事实上从ODA的整体投入来看,很难说日本真的从战略上重视过非洲。

表1　日本对亚洲和非洲官方援助的比重(1970—2005年)① 单位:%

年份 地区	1970	1980	1990	2000	2002	2003	2004	2005
亚洲	94.12	70.15	59.13	54.18	60.17	53.16	42.17	36.17
非洲	2.12	11.19	12.10	10.11	8.17	8.18	10.19	10.19

日本之所以会举办非洲发展相关会议,其目的原本也只是为了表明日本将积极开始介入非洲问题这一姿态。1993年3月17—18日,在东京召开的TICAD准备会议上,除了主办方日本政府、联合国与非洲问题全球联盟、相关的25个非洲国家外,日本还邀请了12个捐助国家(机构)、10个国际机构的代表出席。日本政府将会议的目的定为:"1. 表明日本对非援助的积极姿态;2. 加深非洲各国对于自助努力必要性的理解;3. 唤起国际、国内对支援非洲的必要性的舆论;4. 对非洲发展方式,在援助国、机构与非洲各国之间形成共识。"②日本援助、非洲自助,两者并行,却没有相互关联。日本看待非洲问题,更多地是将其作为"国际

---

① 外務省.政府開発援助(ODA)白書 2012[EB/OL].2013-03.https://www.mofa.go.jp/mofaj/gaiko/oda/shiryo/hakusyo/12_hakusho/index.html.
② 川端正久.アフリカ開発会議と日本のアフリカ外交アフリカと日本 アフリカの21世紀第4巻[M].勁草書房,1994:98.

社会"整体的问题,而非日本与非洲之间的问题进行理解,是以此作为向国际社会宣传自身的国际贡献的材料,而非需要运用各种手段认真去解决的问题。

2003年举行的TICADⅢ后,外务省给出的官方评价是①:

(1) 对于"为支援NEPAD,集结国际社会的支援、扩大伙伴关系"这一TICADⅢ的主题,得到了非洲以及国际社会的一致认可,成功发挥了作为世界最大级别非洲发展问题政策论坛的作用。

(2) 本次会议,撒哈拉以南非洲的主要国家几乎都来参加,北非也首次有首脑参加。收到了来自美国总统布什、法国总统希拉克的问候信息,欧洲、非洲有许多部长级别官员参加。确立了作为非洲发展问题的主要国际性论坛的地位,与会各国、各机构认可TICAD,未来仍将持续下去。

(3) 小泉首相与参加TICADⅢ而访日的24名元首、首脑级别与会者进行个别会谈,对于会议的成功发挥了极其重要的作用。通过首脑会议,不仅确认了日本与非洲的良好关系,更显示出平等对待非洲所有国家这一日本对非洲外交的姿态,有助于培养好感。

(4) 作为在任总理访问过非洲的小泉首相以及森前首相,去年作为在任外务大臣、时隔18年再次访问非洲各国的川口外务大臣,同时参加了开幕仪式,亲自向与会者展示了日本对非洲合作的积极姿态。

(5) 小泉首相在基调演说中表明的日本对非发展倡议,包括向对非洲直接有益的领域进行10亿美元的资金合作、举办亚非投资贸易会议在内的各种会议以推进亚非合作等内容。该倡议受到欢迎,被认为是符合非洲现实需要的举措。

---

① 具体参见外务省官网:http://www.mofa.go.jp/mofaj/area/ticad/index.html。

(6) 此次,日本所倡导的"人的安全保障"概念,被明确纳入了 TICAD 十周年宣言中。本次会议中,绪方贞子进行了演说发表,确认了人的安全保障这一概念在非洲发展中的重要性。

(7) 此次,来自亚洲的印度尼西亚、马来西亚、越南的部长出席会议并发言,泰国、中国等也积极为会议做贡献。可以看到,通过 TICAD 框架,亚非的合作有了扩大与深化。

从外务省的自我评价中不难看出,日本举办 TICAD,首要的目的是得到"国际社会/世界的关注",然后是得到与会的非洲国家、国际机构的支持。当然,作为东道主,举办如此规模巨大的国际会议,希望得到"国际认可"的心态并非不可理解。但是,"国际认可"却成了日本举办该会议的最重要目的。日本需要的是,国际社会认可这是有关非洲发展问题的"世界最大级别的政策论坛",所以重点在于非洲来了多少领导人、日本首相与其中多少位领导进行了会谈等,似乎日本真的领导着非洲发展的议程。

除了 2003 年 TICADⅢ上,小泉在演说中表明的 10 亿美元的援助外,并没有任何迹象显示日本有自身关于非洲发展的具体计划,更谈不上实施成效,也就自然看不到对非洲哪一方面的"发展"日本起到了怎样的贡献这样的评价了。而七条之内没有一条内容是有关非洲国家对该会议、对日本政府的评价,也是自然。外务省对每一届 TICAD 都有所评价,而到 2003 年为止至少从外务省的评价中可以认为,非洲对于日本最大的意义仍旧在于向国际社会宣传日本的"国际贡献"。

TICAD 虽然本质上是一个双边机构,却维持着国际多边机构的名义。2003 年,第三届 TICAD 的主办方已经包括了战后联合国与世界银行两大最重要国际机构。通常,双边援助被认为是一方基于本国国家利益而作为外交战略的一环实施的援助,接受方也作为外交谈判的手段利用援助。单日本与被援助国家的双边援助,无法塑造日本为世界做贡献的"援助大国"形象。另一方

第三章 冷战后日本对非外交的
新变化(1990—2005)

面,国际机构已经具有完备的援助网络,容易代为实施。而且国际机构这种多边援助被视为比双边援助政治更中立、公平,因而更受发展中国家的欢迎。日本之所以一开始通过与联合国合办TICAD,除了争取"入常"的选票需要外,也希望借被视为最公正机构的联合国的大旗,来为自己援助非洲的方式"占领道德制高点"[1],展示自己负责任的"人道主义大国"形象。

事实上,作为国际机构的最大捐助者,由于对机构的管理运作、预算的使用可以发挥影响,对于援助政策仍是具有很大发言权的,联合国开发计划署UNDP也不例外。日本可以通过出资来影响理应公正公立的UNDP,掌握发展的话语权、主导权,贯彻自己的政策理念。世界银行与IMF由欧美所把持,UNDP相对比较好控制。对于日本极其有利的一点是联合国的各项运作都缺钱。美国对UNDP的出资在1985年迎来高峰,之后呈现减少趋势。在进入20世纪80年代后,迫于其他发达国家的压力,做出与经济实力相称的"金钱"贡献。在所谓的"责任分担"下,日本对整个联合国系统的出资金额激增,1982年之后对UNDP的贡献已经上升到了第三位。然而日本在联合国内并不顺利,还不如经济实力远远不如自身的加拿大、北欧国家。加拿大也好,北欧三国也好,都是通过联合国路径来推行自己的理念。北欧三国在20世纪80年代,通过"UNDP路径"来改变援助政策。到1989年时北欧三国的承诺金额总计已经达到UNDP所有承诺金额的25%,通过增资,该三国也对UNDP的政策施加影响,促成了世界援助潮流由经济发展向社会发展的转向。

2003年,世界银行终于出现在了第三届TICAD的主办方名单中。将世界最大的援助机构纳入其中,TICAD完成了形式上向

---

[1] 李安山.东京非洲发展国际会议与日本援助非洲政策[J].西亚非洲,2008(5):5-13.

"世界最大非洲政策论坛"的提升,被赋予了极高的权威性。然而,TICAD 并没有改变其形象工程的实质。即便非洲国家的再三要求下,在主办方中仍没有加入"非洲发展新伙伴计划",也没有非盟。日本所谋求的,是通过 TICAD,以援助非洲向各捐助国、而非非洲国家,展示日本在 ODA 问题上的努力。

2007 年,在东京的非洲外交团体对第三届 TICAD 的评价是:"TICAD 是连接日本和非洲大陆关系的核心,但对当地缺乏影响力。反映了出日本的对非援助体系在社会开发领域很强,但是对经济开发领域的支援却很薄弱。"[①]日本虽然向非洲输出了半天的"自力更生"理念,却很难说以实际行动去支援了非洲的发展。日本的 ODA 强于拉动当地经济增长,这也是东亚模式的魅力所在。在非洲所呈现出的却并非是日本想要去推销的东亚模式应有的状态,反而更像欧美模式。

日本小心翼翼,希望可以在不得罪欧美的情况下将话语权夺过来。第三届非洲发展国际会议召开以来,"主事权"和"伙伴关系"的概念已为 OECD 所接受,在它们的一些文件中不断出现[②],可以视作日本针对西方的传统援助战略做出了修正,并得到了最终回报。1996 年 OECD/DAC 高级会议采纳了由日本政府所主导的 DAC 新发展战略:面向 21 世纪——发展合作的贡献。该战略的内容在 2000 年联合国主办的千年会议上也讨论过,最终 DAC 与联合国两个不同援助机构的讨论意见所融合产生的是最后的千年发展目标。日本主导的这一发展战略,将发展战略将重点放在绝对贫困人口减半、婴幼儿死亡率减半等通过援助所取得的成果的质量上,而非之前发展战略所重视的数量目标,并给达

---

① 石田洋子.アフリカに見捨てられる日本[M].創成社新書,2008:129-130.
② 李安山.东京非洲发展国际会议与日本援助非洲政策[J].西亚非洲,2008(5):7.

第三章 冷战后日本对非外交的新变化(1990—2005)

成目标的年份进行了明确规定。所谓的日本的主导,最大的贡献其实就是设定了技术操作环节的"减半"目标,而使援助所关注对象转向平民、推动减贫成为援助的主要课题,将援助政策从注重经济发展导向注重社会发展,从本质上改变了冷战后国际援助潮流的仍是西方国家主导的状况。而这些国家还不是美、英、法、德这些主要西方国家,在经济能力上也远不如日本。日本的这种修正就如同"入常"的尝试一样,只是在欧美国家所定下的大框架下进行的局部调整。

与表面上热闹的各种与非洲发展相关的国际会议相对应的,是日本对非洲ODA实质性的减少。1995年对非洲的ODA扩大至13.31亿美元,日本成为仅次于法国的第二大非洲捐助国。1997年迎来ODA的最高峰后,日本的ODA开始不断削减,2003年对非洲的ODA为5.29亿美元,仅为高峰时期的四分之一,而且跌破10%。2003年,新的ODA大纲中明确为了保障日本的安全以及粮食、能源、资源供应,将"重视国家利益""重视亚洲"作为新的最重要事项。

从日本的表现来看,对非洲援助额度的大小与日本经济状况的变化有很强的关联性。1992年的援助大纲中明确表示"亚洲地区与我国存在历史、地理、政治以及经济上的紧密关联……将继续将重点置于亚洲地区",而对"非洲、中近东、中南美、东欧以及大洋洲,进行与我国国力相应的合作"[①]。非洲充其量就是日本"因力施为"的地区,亚洲才是日本重点关注区域。而ODA的实际实施也忠实地贯彻了这一原则。从1993—2003年,三届TICAD的召开、"国际社会"再次回归非洲,也没有改变非洲是日本"因力施为"地区的地位。2000年,日本是加纳、赞比亚、津巴布

---

① 外務省.わが外交の近況(外交青書)1992年版[EB/OL].1993-04. https://www.mofa.go.jp/mofaj/gaiko/bluebook/1992/h04-contents-1.htm.

韦、斯威士兰、坦桑尼亚、中非、毛里塔尼亚7国的最大捐助国,2004年却一个也没有。直到2005年7月的西方八国首脑会议,日本政府宣布向非洲的ODA三年内翻倍。而当时日本正在为成为安理会常任理事国而冲刺,与联合国第一大票仓非洲陷于安理会改革提案的分歧之中。这次增额与其说是战略性,不如说是投机性的,只是为了快速拉拢非洲而已。

日本官方最喜欢肯定TICAD作用的用语是,由于第一届TICAD的召开唤回了国际社会对非洲的关心。事实上,非洲受不受关注仍是欧美说了算,日本对非洲的政策本质上仍旧是跟着欧美转。

三、派遣维和部队与日本的对非人员贡献

除了经济援助非洲以外,冷战后日本对非外交的最大改变,在于日本向非洲派遣人员,尤其是派遣自卫队参与联合国在非洲的维和行动。

派遣人员参与维和,首先也源自于"国际社会"对一心想成为安理会常任理事国的日本的要求。不同于美国对于经济贡献的认可,国际社会的欧洲部分更强调,作为安理会常任理事国,需要承担人员参与维和行动这一责任。比如英国表示"期待那些关心全球性问题并且对国际和平、安全与联合国活动做出贡献的国家,尤其是日本承担起安理会常任理事国的责任"。而法国反复强调,新任常任理事国的条件不仅包括经济力量,还必须考虑他是否决定全面参加维和活动。①

非洲大陆在冷战结束后局部冲突不断,也为日本做出国际贡献提供了用武之地。比如1992年10月13日莫桑比克停战协议

---

① 关于美、英、法在日本"入常"上的态度,具体参见:莱因哈特·德里弗特.愿望与现实——日本争当联合国安理会常任理事国的历程[M].上海:东方出版社,2002:163-170.

第三章 冷战后日本对非外交的新变化(1990—2005)

签订,12月17日联合国安理会做出决议,决定进行总计需要7 500人的莫桑比克维和行动。1993年2月16日,正在访问日本的联合国秘书长加利向宫泽喜一首相提出要求,希望日本派遣人员参与该行动。当时日本在莫桑比克不仅没有使馆,且尚未派遣外交官,其事务由邻国津巴布韦大使馆管辖。最终,日本决定派遣自卫队参与维和行动,而在决定参与维和行动的同一天,也决定了在莫桑比克开设大使馆。可以理解为大使馆的开设,是为了辅助将被派遣去的日本人员,如果联合国的维和行动结束,该使馆也有可能关闭。

日本政府最终选择派遣自卫队参加莫桑比克维和行动是极具政治象征意义的。首先,虽然日本在1992年就派遣自卫队参与了柬埔寨维和行动,但这是自卫队首次踏出亚洲,显示出日本不仅仅只为自己的"势力范围"——亚洲做出人员贡献,也为"世界"做出人员贡献。

战后,西欧各国对于非洲的关心一向更胜于亚洲。非洲是原宗主国的势力范围这一认识,并没有随着冷战的结束从日本的认识中消散。要吸引英法的目光,在遍布原殖民地并仍保持深厚联系的非洲进行维和行动,显然比在亚洲的更为有效。而英国在1994年3月1日举行的安理会改革工作小组会议时,也认可了日本在维和方面的努力,第一次对日本的"入常"心愿表示支持。在莫桑比克之后,日本还以对卢旺达难民进行人道主义支援而向扎伊尔派遣自卫队。从1990—2005年,日本一共参与了160起与选举监察相关的活动,其中非洲为55起,占到34%,为第一位[①]。日本持续不懈地做出"人员贡献",为"国际社会"的和平与安定做出贡献。

---

① 具体参照:杉浦功一.日本の「民主化外交」——1990年代以降の日本の民主化支援活动[J].京都女子大学现代社会研究,2009: 33.

其次,莫桑比克的派遣有助于使"大票仓"非洲各国意识到日本的存在①。在 1993 年 10 月召开的 TICAD I 上,羽田孜外相在演说中将向莫桑比克派遣自卫队参与维和行动作为日本的国际贡献进行宣传,莫桑比克外交部部长也高度评价了日本的莫桑比克维和行动,但是整个会议并没有显示出对维和问题的关注。非洲关注的是"发展",而日本关注则是展现其"国际贡献",尤其让"国际社会"意识到日本的这种国际贡献。在对于非洲发展会议的最终意图上,双方是不一致的。

值得注意的是,冷战刚结束时,日本国内对于维和的态度还没有发生根本性的转变。日本的新闻媒体表达了对维和行动无原则性膨胀的警惕,而普通日本人则由"守卫日本的和平"这一立场出发,对实现向莫桑比克派遣自卫队这一事件怀抱不安。当时宫泽喜一首相等政府首脑,也对自卫队的派遣持谨慎态度,而官僚机构却早已做好了派遣的准备。到 1993 年 1 月底前,外务省、防卫厅已经开始讨论具体的自卫队派遣方案。最终的结果是官僚队伍取得了胜利。而随着时间的推移,借由派遣自卫队参与海外维和行动,日本民众对维和的态度在慢慢改变,对自卫队的态度也在改变。虽然日本战后向外派遣维和部队起源于参与联合国对柬埔寨的维和行动,而亚洲在冷战后却日益平静,从此意义上而言,非洲的动乱为日本在"国际贡献"的名义下将经济实力转化为军事实力,进而迈向"普通国家"提供了道德上的依据。

小结 "入常"诉求下对非外交的调整与 "名誉白人"身份的束缚

冷战结束时,日本凭借其世界第二经济大国的地位,对于构

---

① 佐藤誠.モザンビーク.アフリカと日本 アフリカの21世紀第 4 卷[M].勁草書房,1994: 155.

第三章　冷战后日本对非外交的新变化(1990—2005)

筑"美、日、欧三极体制的国际新秩序"是极有自信的。日本重视联合国的作用,以成为联合国安理会常任理事国来作为实现政治大国目标的核心战略。而非洲,由于其在联合国内所占据的多数席位,再次受到了一心谋求提升自己国际地位的日本的关注。成为联合国安理会常任理事国需要非洲的选票支持,在这样的功利性目标下,日本开始积极参与非洲事务。

同时,由于非洲与欧美国家的传统关系,参与非洲问题更能得到欧美的关注。欧美的认可也是日本要成为安理会常任理事国所不可或缺的。而欧美又是日本希望展示自身国际贡献的真正对象,这就意味着日本对非洲的"热度"是跟着欧美转的,日本缺乏源自自身的、对非洲持续关注的动力。

在冷战时期,日本所取得的经济成就建立在其日式发展模式之上。日式发展不仅是日本经济实力的基础,也是日本国家自信的根源。非洲这个在欧美援助下却久不见发展的地区,可以成为日本为日式发展模式正名的极佳案例。通过为世界经济的发展提供一种可行模式,也有助于日本负责任大国形象的营造。

在"入常"的诉求下,日本应欧美的要求,通过派遣人员参与联合国维和行动来展示自己的人员贡献。由于和平宪法的限制,以及日本社会根深蒂固的和平主义,短时间内通过派遣自卫队来做出巨大贡献显然并不可行。日本仍需要借助自己最为擅长的"援助"来参与非洲事务。

在实际推行上,日本主要借助东京非洲发展国际论坛这一平台。但日本把重点放在了对非洲宣传"日式模式"的正确有效性上,对非洲的实际援助投入与20世纪80年代相比并没有发生质变。日本也没有加大对非投资力度,更没有扩大对非贸易,"援助、投资、贸易三位一体"这一日式援助的特色反而没有体现在对非援助上。日本选择做非洲与亚洲之间的桥梁,以"南南合作"、鼓励非洲学习亚洲经验的谨慎姿态对非洲发展问题做出贡献。

本质上,日本的对非外交仍旧脱离不了与欧美协调的原有框架。冷战虽然结束,但日本的国家身份并未改变,日本仍维持着在"白人集团"这一框架内考虑对非外交的思维模式。日本尝试在尊重欧美权益的基础上谋求一定的地位,使得自身在集团内的"异质性"得到一定程度的认可。正如"主事权"和"伙伴关系"这一日本推动的援助非洲的概念得到认可般,日本在欧美国家所定下的大框架下确实可以促成局部的调整。但就如在债务减免问题上所遇到的尴尬般,在涉及一些比较重大、牵扯到根本性利益的问题时,日本总是与欧美国家处于不同的立场,仍是被迫妥协的一方。

更为矛盾的是,日本希望以"亚非盟主"来提高自己在欧美集团内的地位。然而日本又不认为自己属于亚非之中。即使是在亚洲,日本在推进地区一体化时,首先选择的是 APEC 这样包含太平洋两岸、有"白人"存在的开放性结构。无论属于太平洋的哪一侧,日本总是格格不入的,根源仍在于曾为日本带来荣耀,却又束缚着日本前行的"名誉白人"这一身份。

第四章

重建中的日本对非外交(2005至今)

2005年,在联合国成立60周年之际,联合国改革再次提上议程。日本迎来了借助安理会改革成为拥有否决权的常任理事国,以此实现政治大国化愿景的一大良机。然而日本的这一波冲击却以失败告终。这次失败,意味着冷战结束后日本的外交整体路线的一大失败。而国际格局在2005年之后,日益呈现出深刻变化。日本外交不得不进行重大调整。不言而喻,日本的对非外交也随之开始了新的建构。

第一节 "入常"遭挫与日本外交的再出发

一、2005年前后国际局势变化与国际体系的转型

冷战结束后,世界并未如预测那样,形成美、日、欧三极鼎立的格局。在信息革命的推动下,美国经济经历了高速增长,军事实力不断巩固。2003年,美国军费开支达到4174亿美元,占全球军费开支的47%。排在其后的日本、英国、法国、俄罗斯、德国、中国和印度,七国的国防开支相加后的总额约为1800亿美元,不

及美国军费开支的一半①。经济方面,美国是世界最大的经济实体,为第二大经济体日本经济总量的两倍多。在"一超多强"的国际格局下,美国凭借其强大的综合实力,在一些涉及国际稳定和安全的问题上,总是绕过或凌驾于联合国之上,在全球范围内强行推行干涉主义。

美国单边主义的日趋盛行,美国与传统欧洲盟友之间的分歧也越来越大,主要体现在导弹防御体系、《京都议定书》、巴以冲突、国际刑事法庭和伊拉克战争等问题上。欧洲在经历了一段时间的区域一体化进程之后,终于形成了拥有强大经济实力的联合体——欧盟。从经济总量来看,欧盟 27 国的总和已与美国相当。在国际事务方面,欧盟也表现出了更大的外交自主性。

20 世纪 90 年代,美国的亚洲盟友日本却经历了一系列"不幸",经济泡沫破裂、国内政局混乱等。日美同盟更是经历了短暂的"漂流期"。新形势下日美同盟该何去何从?在短暂的"漂流期"困惑后,日美重新取得共识、日美同盟获得了一定的加强。在新的安排下,日本在同盟中的地位得到一定提升,尤其值得注意的是,日本扩大了在地区安全事务中的作用,这为日本在后冷战时代,尝试在日美同盟的安全框架下,寻求实现政治大国化这一目标提供了现实基础。

虽然美日欧仍处于国际体系中心地位,但在进入 21 世纪后,国际力量对比出现了新的变化。最为明显的是中国、印度、巴西等新兴发展中国家的群体性崛起。在国际体系中,发展中国家整体力量上升,在国际社会的影响力不断增大。

其中,中国是最值得关注的国家。改革开放以来,中国经济保持高速增长,国内生产总值年均增长速度保持在两位数以上。21 世纪初,中国经济更是以每 4—5 年翻一番的速度增长,

---

① 蔡拓,潘文飞.中国与冷战后国际体系[J].现代国际关系,2007(7):3.

到 2005 年时,中国已成了全球第四大经济体,当年的 GDP 为 2.229 万亿美元,接近位列第三的德国。

"9·11"事件后,美国重新对安全威胁的进行排序,将反恐、防扩散、地区稳定列入美国安全政策的前三位。美国国家安全战略的调整也相应改变了中国在美国安全挑战中的位置,从而将中国由原先的战略竞争对手转为美国的战略伙伴,在诸如反恐等议题上谋求中国的支持。由此,中国争取到相对和平的安全环境,实现中国经济入世后的 10 年高速增长。

表 2　2005 年 GDP 全球前 5 名国家[①]　　单位:亿美元

国　家	美　国	日　本	德　国	中　国	英　国
GDP	12.455 万	4.505 万	2.781 万	2.229 万	2.192 万

2008 年金融危机席卷全球后,国际体系经历了深刻的调整与变动。欧美等发达国家成为重灾区,需要借助发展中国家的力量解决问题。发展中国家经济地位的上升,首先得到了国际社会的普遍承认。由主要发达国家和发展中国家组成的二十国集团,成为国际社会共同应对全球金融危机的重要平台。美日欧垄断世界经济事务的时代宣告结束,发展中国家开始参与重大国际事务,与发达国家共同制定规则。这些都标志着国际体系正在面临的深刻转型。

二、"入常"受挫与日本外交重心的再调整

2005 年,在联合国成立 60 周年之际,联合国改革再次提上议程。日本迎来了借助安理会改革成为常任理事国,以此实现政治大国化愿景的一大良机。日本与德国、巴西、印度结成了四国集

[①]　京华时报.世行:中国 GDP 全球排名第 4　人均 GDP 排第 128 位[EB/OL].2006－07－05.http://finance.sina.com.cn/roll/20060705/0212780463.shtml.

团,争取合力推动对联合国安理会的改革。同年3月21日,在四国集团发表的联合声明中,首次表示希望联大通过有关安理会扩容的决议,要求将安理会理事国从目前的15个扩大至25个,将安理会常任理事国由5个增加到11个。但最终四国集团却未能实现这一目标。

时任日本驻联合国大使的北冈伸一认为,遭受挫折源于三大障碍:(1)美国的反对;(2)中国的反对;(3)非洲的"奇妙"决定①。按照北冈的理解,美国的反对是至关重要的。2005年7月12日,联大就四国提出的"争常"方案进行辩论时,美国立场鲜明,不仅自己反对四国方案,还公开"鼓动"其他国家对此方案投反对票,给众多的中小国家带来不可估量的影响。

其次,是中国的反对。这一时期,中日之间的经贸关系十分密切,但由于靖国神社问题使得双方政治关系极其冷淡,长时间处于"政冷经热"中。中国没有在联合国大会上支持日本的"争常"提案,理由是其地区代表性不够,而日本也不愿意与中国直接面对面对话来解决双方之间的分歧。当时日本政府抱有一种"侥幸心理",即在拉拢其他国家,并获得多数支持后,"中国由于担心招致孤立而不敢动用实际否决权"②。而中国在联合国安理会改革议题上的态度则一以贯之,希望能通过协商一致的方式实行,反对强行通过四国方案。

在美国表明态度的情况下,日本并没有放弃"入常"梦,仍旧希望通过争取大多数国家的支持,以类似当年中国恢复在联合国合法席位的方式来实现"入常"。要以多数支持的方式获得通过,联合国第一大票仓非洲的态度显然最为重要。当然,非洲也有改

---

① 北冈伸一.国连の政治力学 日本はどこにいるのか[M].中公新书,2008:76.
② 北冈伸一.国连の政治力学 日本はどこにいるのか[M].中公新书,2008:73-74.

变现状的诉求,当时也提交了非洲版安理会改革方案,双方并非没有合作空间。于是日本把策略调整为集中力量做非洲国家的工作,尽可能获得更多国家的选票支持。

当时四国集团与非盟各自提交的安理会改革方案,主要分歧在于席位的分配以及是否拥有否决权问题上。在几番交涉后,最终双方还是没能谈拢,这样"以多数强行通过"就变得不再可能。在日本看来,四国集团方案未能与非盟达成一致,原因还在于中国在非洲搞的"小动作"。2005年11月,日本国会议员组成的非盟友好议员联盟访问南非。在非正式晚宴上,时任南非外交部副部长阿齐兹·帕哈德对于日本耿耿于怀的安理会改革方案受挫一事,给出了这样的解释:"非盟与四国集团没有取得妥协"以及"中国行使了影响力",从而日方"确认了中国确实号召非盟阻止日本入常"[①]。通过这次惨痛经历,日本对于中国在非洲的影响力有了极为深刻的认识。

然而,日本反省这次失败后做出的"入常"战略调整却是出人意料又似乎合情合理的"向美一边倒"。2006年伊始,日本脱离四国联盟,试图在美国的支持下,实现独自"入常"的目标。由于美国态度消极,日本政府被迫在2006年3月宣布,放弃实现2006年"入常"的目标。"入常"的失败对于日本的冲击是全方位的。这意味着冷战结束后日本外交整体路线的一大失败。在"入常"这一日本外交的核心问题上几番努力,却都得不到盟友美国的实质性支持后,日本不得不接受这样一个现实:美国并不希望日本成为安理会常任理事国。于是,在实现政治大国化目标的方式上日本不得不做出重大调整。

需要注意的是,在小泉纯一郎之后,日本政局再度陷入动荡,经历了"六年六相"。经济上的持续低迷和长期通货紧缩,加上政

---

① 白户圭一.日本人のためのアフリカ入門[M].筑摩書房,2011:168.

治上的动荡不安,"以经济促外交"这一日本冷战后最主要的外交方式也日渐捉襟见肘。这时,以"普通国家化",即依靠军事力量成为政治大国便被提上了议程。

20世纪90年代中后期,日美同盟得到了强化,特别是在"9·11"事件后,美国对日本参与国际反恐的要求加大,日本也试图"借船出海",通过日美同盟实现向海外派遣军事力量,以期通过在安全问题上加强国际贡献,回应国际社会对日本的质疑,进而推动政治大国目标的实现。而这一战略思想也逐步成了日本官方的主流选择。① 2006年,"普通国家"论的倡议者小泽一郎当选为在野第一大党民主党党魁,2007年民主党在参议院换届选举中获胜,2009年更进一步,以压倒性胜利赢得大选,上台执政。此后尽管日本政权更替,但朝野对于国家的对外战略基本形成共识,基本没有太大改变。

另一方面,日本现有大国地位的基础是经济实力,其国家对外战略同样需要经济的支撑。如何促进日本经济的增长,是摆在经济泡沫破裂后,每一届日本政府面前的最现实的问题。在金融危机后,日本意识到了新兴国家对日本经济社会发展的意义,明确推进"经济外交"②。"3·11"大地震后,日本更将经济外交作为"外交三支柱"之一,强调要进一步加强经济外交。同时,大地震加上福岛核电站事故的影响,使得日本电力供给中化石燃料发电的比重陡然增多。包括能源在内的资源"稳定且廉价"的供应又开始"事关日本的死活",因此需要开展"资源外交"③。这样日本的外交又从"以经济促外交"转回了"以外交促经济"。确保自身

---

① 高兰.全面解读冷战后日本国家战略的变革与影响——从模糊战略到清晰战略的转型[J].国际观察,2005(5):61.
② Ministry of Foreign Affairs Japan.DIPLOMATIC BLUEBOOK 2011[EB/OL]. http://www.mofa.go.jp/mofaj/gaiko/bluebook/2011/html/index.html.
③ Ministry of Foreign Affairs Japan.DIPLOMATIC BLUEBOOK 2013[EB/OL]. http://www.mofa.go.jp/mofaj/gaiko/bluebook/2013/html/index.html.

能源、资源稳定而又廉价的供应,并依靠资源开采买卖赚取收益;推进日本的先进技术,诸如核电发电、高速铁路和水利设施等领域的对外出口成了日本外交的头等要务。

第二节 政经双重诉求下对非外交的再调整

在日本的外交重心进行调整的同时,非洲显示出了政治价值之外的其他价值,尤其是在2008年金融危机之后,非洲的经济活力对于日本越发具有吸引力。日本对非认识逐渐发生转变,对非外交在日本的整个外交战略中,地位得以提升。日本的对非外交也经历着深刻的重建过程。

一、非洲战略地位的提升与中国因素的影响

虽然日本调整了实现政治大国的外交路线,但并没有彻底放弃"入常"目标,安倍晋三在其首任执政期间的施政方针演说中,明确表示将继续为入常而努力,而且"入常"也日渐变成推进"普通国家"化的手段之一。

日本一直坚持着向联合国提出改革方案,在"入常"战略上,日本的重心转向了争取非洲支持。非洲则成为影响日本"入常"的重要角色。日本在得不到美国实际支持和所处地区支持的情况下,日本的大国形象塑造更需要借助对全球问题的参与。于是,日本将非洲视为拓展和提升在全球外交影响力的重要依托。

在2005年10月联合国教科文组织总干事的选举中,非盟投票一致支持联合国教科文组织总干事日本人松浦晃一郎连任。日本的"支票外交"被证明仍然有效,这促使其在推动安理会改革方面更为积极地寻找与非洲的共同利益。

除了政治因素以外,非洲的经济价值对于日本也具有吸引

力。日本对非洲经济价值的重新认识,首先是建立在非洲的资源禀赋之上的。进入 21 世纪,国际市场资源类价格不断攀升。在历史上,包括金属、原油在内的大宗商品价格,历次变化周期中的上涨幅度从未超过 60%,而在 2003—2008 年涨幅则高达 131%[①]。其中,国际油价从 2001 年的 20 美元/桶左右一路飙升,2008 年超过了 140 美元/桶。

　　日本极度依赖海外资源进口,仍未摆脱对国际市场波动的敏感性与脆弱性。对于需要确保资源供应的日本来说,非洲再次显示出了其独特的价值。截至 2005 年底,非洲各国已探明石油储量 1 351 亿桶,从 1980 年的 533 亿桶增长了 153%[②]。非洲新发现的油田大多集中于西非,特别是几内亚湾以及其沿岸地区,远离中东这一是非之地。其次,目前撒哈拉以南非洲产油国中只有尼日利亚是欧佩克成员,意味着大多数非洲产油国不会受到行业联盟产量的限制。而在非洲,开采成本也远低于中东。在进口总量没有多大波动的情况下,日本从撒哈拉以南国家所进口的原油,已经从 2000 年的 233 万立方米增加到了 2006 年的 1 145 万立方米,金额从 4.396 8 亿美元增加到 47.489 1 亿美元,占到 2006 年非洲总进口的将近 1/3。

　　但单纯依靠进口并不能解决日本能源安全问题,要抵御国际原油市场冲击,最重要的是掌握开采权。2006 年 5 月 29 日,日本公布的《新国家能源战略》中就明确提出"争取到 2030 年,把原油自主开发率由目前的 15% 提高到 40%"[③]的目标。矿产资源也是如此。自冷战时期起,非洲的稀有金属等矿产资源对日本的经济

---

① 世界银行.全球经济展望[M].北京:中国财政经济出版社,2009:41.
② 新华社.非洲国家已探明石油储量增长迅速达 1 351 亿桶[EB/OL]. 2006-10-11. http://www.p5w.net/news/gjcj/200610/t550555.htm.
③ 国家能源局.日本拟订新国家能源战略从六个方面提出战略目标[EB/OL].2006-02-28.http://www.nea.gov.cn/2006-02/28/c_131057133.htm.

发展就具有重要意义。2008年1月,外相高村正彦访问非洲时表示,非洲蕴藏着丰富的自然资源,日本对非洲的长期投资,必将在未来产生丰厚的回报①。

进入21世纪后,国际矿业巨头开始扩大对非洲的探矿活动。如下所示,三大矿业巨头的收益远远高于日本的商社。同时,非洲地区重大武装冲突的数量已1998—1999年的每年11起降至2005—2006年的每年3起②,投资风险相对降低并可以获得巨大回报,促使日本企业愿意进入非洲对资源进行大规模投资。2009年住友商事就在马达加斯加投入了37亿美元,用于镍矿项目的开发。

表3 三大矿业巨头与日本三大商事的比较③

单位:百万美元

	收 入	纯利润	总资产	市 值
英 美	33 072	6 922	46 483	82 232
力 拓	25 440	7 867	34 494	67 063
必和必拓	39 099	10 534	48 516	62 893
三井物产	41 616	2 571	83 674	35 657
三菱商事	43 108	3 525	97 336	43 835
住友商事	26 078	1 788	71 455	20 551

20世纪90年代中期,非洲经济经历了恢复性低速增长。进

---

① 高村正彦・外務大臣.「日本とタンザニア・「元気なアフリカ」をつくるパートナー」[EB/OL].2008-01-04. http://www.mofa.go.jp/mofaj/press/enzetsu/20/ekmr_0104.html.
② 斯德哥尔摩国际和平研究所编.SIPRI年鉴2007:军备、裁军与国际安全[M].北京:世界知识出版社,2008:100.
③ 数据基于:東洋経済新報社.海外進出企業総覧国別編2006[M].東洋経済新報社,2006.

入21世纪后,世界经济增长强劲,全球需求旺盛,原材料价格普遍上扬。非洲具有的资源优势有力地带动了非洲的经济发展。非洲经济增长从2001年的3.5%提至2006年的6.2%,非洲开始从"被援助的大陆"转变为"增长的大陆"。其中,由于石油开发,赤道几内亚、安哥拉等这些过去的赤贫国家经济迅速增长。2002—2007年,撒哈拉以南非洲资源富国的平均增长率为7.4%,资源贫国平均增长率为5.0%①。但是2006年日本对于非洲的出口不到进口的一半,而且出口的一半以上集中于南非。非洲的经济结构决定了南非以外的非洲地区,并没有发展成能够吸引日本企业的出口市场。出于对非洲产业结构现状的考虑,加上不稳定的安全形势造成的投资风险,日本企业没有完全将非洲视为直接投资的最佳理想地。

2008年金融危机爆发后,由于国内经济长期处于通缩状态、美国和欧元区发达经济体经济复苏乏力,保持较高增长速度的发展中国家成为日本需要借助的对象,而日本的外交又从"以经济促外交"转回了"以外交促经济"。日本提出的具体方式:一是深化与资源富裕国家的关系,在确保自身资源安全的同时依靠资源开采买卖赚取收益;二是推进日本的先进技术,诸如核电发电、高速铁路和水利设施等领域的对外出口。

日本政府需要日本企业的参与,而日本企业也意识到政府的重要性。2009年,阿联酋的核发电项目,包括日立在内的日美联合企业、法国企业都输给了韩国企业。其中,非常重要的一点是韩国政府为韩国企业提供了巨大的支持。当时韩国政府向阿联酋许诺将向其出口武器。这次失败让日本企业越发认识到政府的支持对于基础设施出口的必要性。2011年,日本政府通过了

---

① 张宏明主编.非洲黄皮书2012:非洲发展报告No.14(2011—2012):新世纪中非合作关系的回顾与展望[M].北京:社会科学文献出版社,2012:272-284.

《实现新增长战略2011》,以"海外投资融资"的形式,开始为在发展中国家从事基础设施事业的日本民间事业团体提供融资出资。① 这样政府为日本企业分担了投资发展中国家的一部分风险,为日本企业的"走出去"给予了一定的支持。

1998年之后,日本的GDP连续12年呈现负增长,无法从通货紧缩中解脱出来。从中长期看,日本的国内市场在逐渐缩小,日本企业也意识到了必须"走出去"。非洲被视为资本主义最后的市场。像埃塞俄比亚这样缺乏资源的非洲国家,从2000—2011年的人均GDP增长率为8.3%,人口在2011年时已经超过8 500万,具有很大的市场潜力。据联合国统计,从2000—2012年,非洲的人均GDP从700美元上升到了1 600美元,今后仍会增加。其中,每日消费在4美元以上的中间阶层人口数将会激增,最高的突尼斯将达到人口总数的45.5%,加蓬、埃及、博兹瓦纳、阿尔及利亚都将超过20%。

可以说,非洲对于日本企业是具有一定吸引力的,且非洲又属于日本直接投资很少的地区。而日本企业对于没有充分进行直接投资的地区,也希望借助日本政府,通过官方发展援助的方式为企业开路。由于这样的一种来自企业与政府的共同需求,使得小泉政府时期就开始宣传"官民一体"的非洲政策日渐成为可能。

然而,日本要发展与非洲国家的外交,绕不过的是中国。中国对非洲的影响是全方位的。首先,中国对非洲经济具有巨大影响力,比如在2006年时,中非贸易对于非洲经济增长的贡献率已经达到20%左右②。非洲的增长对资源出口拉动依赖明显,而中

---

① 户堂康之.ODAと日本企業の国際化:日本と被援助国の間にwin-winの関係を築く[J].国際問題,2012(11):44.
② 中国新闻网.贾庆林在中-肯经贸合作论坛开幕式上演讲(全文)[EB/OL].2007 - 04 - 26. http://www.china.com.cn/policy/txt/2007 - 04/26/content_8173777.htm.

国本身是本轮资源价格上涨的重要因素之一。2008年国际金融危机促使全球能源大幅下跌。原油、铜等重要商品的价格仅在半年内就实现了由最高点向最低点的转换。进入2009年,世界能源价格在短期暴跌后,迅速见底回升。其中一个重要原因就在于以中国为代表的新兴市场国家在这次国际金融危机中表现良好,其经济内在向好的发展趋势稳定了资源需求。中国在非洲政治影响力,在2006年中非合作论坛北京峰会召开时得以凸显,会议共邀请非洲48国参加,其中有42国的国家元首。

西方学者将中国在非洲政治和经济活动的增加,描述为冷战结束以来非洲大陆最具影响力的事情。[①] 中国因素是促进世界主要国家,特别是西方大国对非政策从战略忽视到战略关注转变的重要因素。这些国家几乎都将中国视为竞争对手,认为对它们在非洲的传统势力范围构成严峻挑战。2011年6月,美国国务卿希拉里·克林顿先后访问埃塞俄比亚、赞比亚、坦桑尼亚,警告非洲国家注意非洲出现的"新殖民地主义":"非洲可以从亚洲学习的地方很多,但不能参考中国。因为中国存在众多在未来十年内会恶化的问题。"[②]美国对于中国在非洲的影响力表现出高度警惕。

作为美国的盟友,以及传统的"西方大国"之一,从"集团"的角度出发,日本也有理由将中国视为其在非洲的竞争对手。而且,日本自身也有视中国对竞争对手的理由。在2005年,正是由于中国的"干扰",日本没有获得非洲的支持,进而入常梦破灭。有意见指出,中日在非洲的竞争源于两国在东亚地区主导权的竞争。[③] 由于

---

① 张宏明主编.非洲黄皮书2012:非洲发展报告No.14(2011—2012):新世纪中非合作关系的回顾与展望[M].社会科学文献出版社,2012:22.
② 青木一能.これがアフリカの全貌だ貧しい国が一転、豊かな国へ[M].かんき出版,2011:74-75.
③ 中华人民共和国商务部驻南非经商参处.地震影响日本与南非经贸合作[EB/OL].2011-03-16. http://www.mofcom.gov.cn/aarticle/i/jyjl/k/201103/20110307450311.html.

地缘政治影响,日本视中国为自己的对手,加上日本的经济实力,使得其可以在全球与中国展开竞争。当日本以实现"普通国家"化来应对中国崛起时,其对非外交的调整同样体现着这一点。

日本需要借助非洲来实现经济增长,试图以援助来推动非洲国家购买日本的基础设施设备、欢迎日本企业投资矿产,这与中国在非洲的利益诉求重合,同样存在着竞争关系。如此看来,即便只是出于自身利益考虑,日本对非外交的调整也少不了抵消中国影响力的成分。

二、应对中国与对非经贸合作的加强

2005年,日本发表的ODA中期政策中,表示将承担联合国一般预算、维和行动预算的20%左右。此前一直纠缠的重度债务国减免问题,日本也表示2005年为止将免除30亿美元债务。而两个决定的最大受益地区是非洲。但是,日本进行的这种投机性的表态,并没能换来非洲的选票支持。

1993年日本开始召开第一届东京非洲发展国际论坛。在欧美以"援助疲软"撤离非洲的20世纪90年代,日本发起唤醒国际社会对非洲事务关注的声势。从1991—2000年,日本提供援助资金占ODA总额的20%,维持了10年的世界头号捐助国地位。但整个20世纪90年代,日本对于亚洲的ODA占到ODA总支出的一半以上,而对非洲只是维持在10%左右。

2002年生活在贫困线以下的非洲人口的数量几乎是1981年时的一倍。20世纪90年代后期,半数以上非洲国家50%的政府预算和70%的公共投资需要依靠西方的援助来筹集。20世纪90年代,西方对非洲的援助从年均286亿美元下降到164亿美元。撒哈拉以南非洲地区获得的人均对外援助,按2002年的美元价格计算从1980年的每个非洲人32美元降低到2001年的22美元。20世纪80年代开始的20年间,亚洲以及中南美大部分发展中国家经历了快速的经济增长,而只有非洲经济在这近二十年间几乎没有增长。而2000年前后,非洲再次回到世界的视线内也并非是日本的功劳。

日本以"南南合作"等谨慎姿态推行日式援助,并没有加大对非投资力度,也没有扩大贸易额,而实际的援助投入与20世纪80年代相比也没有发生质变。日本的投入在短时间内并未为非洲带来发展,非洲的命运也并没有因为日本而改变。欧美国家仍然是制定对非洲政策基本框架的主导力量。日本将更大的力气放在向欧美宣传自身所做的贡献上,也只能争取到局部的调整,而这局部的调整对于非洲而言是不够的。日本也没有做到欧美捐助者与非洲受援助者之间的"桥梁"。在这样的一种关联下,一时的投机性示好自然无法得到非洲国家坚定的支持。

在反思2005年的失败后,小泉纯一郎首相2006年4月29日—5月5日访问埃塞俄比亚、加纳、南非。这是在2001年森喜朗访问非洲后日本首相第二次访问非洲大陆。作为首访非盟总部的日本首相,小泉做出免除巨额债务等承诺。2006年,日本对非援助额为25.96亿美元,首次超出其对亚洲地区的援助额,凸显日本外交战略中对非洲政治与经济价值的重视。2007年,日本对非援助额有所下降,缩减至17.66亿美元,但仍履行了对非援助翻番的国际承诺。2008年、2009年继续呈下降趋势,分别为15.71亿美元、14.99亿美元。进入2010年,日本的对非援助略有增加,净支出额为18.9亿美元,占双边援助总额的25.7%。其中,以最不发达国家较为集中的撒哈拉以南非洲国家为重点援助对象,援助额达到17.3亿美元,占对非双边援助总额的91.5%。

日式援助之所以可以在亚洲取得成功,本身是"援助、投资与贸易三位一体"共同作用的结果。单纯的援助本身也不符合日式援助的特点。而无论是经贸关系还是人员往来,日本与非洲的关系只能用"淡薄"来形容。1991—2000年,作为世界头号捐助国的日本,与非洲之间的贸易规模并不大。1995年,日本对非洲出口总额占其对外总出口的1.7%,从非洲的进口更是只占1%,而2000年日本对非出口降至0.8%,进口为1.1%。虽然日本与非洲的贸易在进入21世纪后开始增加,2006年进口达123.9149亿美元,出口达到72.1406亿美元。但是在扩大非洲整个对外贸易过程中,这个数据并不突出。

更为明显的是日本在非洲的投资。日本企业在非洲出资建立企业,1993年10月时,有135家,其中78家为利比里亚的船舶公司。2005年,在撒哈拉以南非洲,日本的当地法人企业数为93家,其中42家在南非。全球日本的当地法人为20 680家,非洲仅占0.45%。而如果将南非排除在外,这种淡薄关系显得更为明显,日本对南非出口从2002年的15.5596亿美元上升到2006年的40.5568亿美元,从占据撒哈拉以南非洲的42.9%上升到56.2%[①]。这种"淡薄"关系并不是靠加大ODA就可以解决的。日本最需要做的是加强与非洲的经济联系。

日本自身经济衰退使得ODA不得不逐年减少。日本政府的宏伟计划需要日本企业界的支持。日本财界对于发展与地区大国南非的大规模商贸关系表现更为积极主动,而与其他非洲国家则基于其高风险性以及推进其经济再建、发展需要的成本分析,选择有限参与,与南非以外的国家则保持一定距离。这是日本对非洲援助最大的弊病,但也可能成为最大的机遇。对于日本而言,极其有利的一点是非洲正在发生的变化以及日本自身的改变,使得非洲开始呈现出选票之外的魅力。

虽然日本政坛在2012年发生了政权交替,但是经济增长一直是日本政府的第一要务,外交作为经济增长战略的支柱,继续

---

① 東洋経済新報社.海外進出企業総覧国別編2006[J].東洋経済新報社,2006.

推动日本企业向外投资。同时,具备资源优势和基础设施进口需要的非洲显得魅力巨大。安倍首相将之表述为"非洲的活力对于日本的增长是极其重要的"。非洲的这种新的变化使得日本对非洲的政策有了新的转变。这一点在最近的两届 TICAD 国际论坛上表现得尤其明显。

2008 年第四届 TICAD 国际论坛上,福田首相演说中包括以下内容:①

(1) 包括无偿援助、技术援助、日元贷款、对非洲开发银行等在内的出资,至 2012 年将翻倍:5 年提供 40 亿美元的日元贷款(基础设施、农业为中心);10 年内大米产量翻倍;紧急粮食支援 1 亿美元(一部分非洲国家);对于世界艾滋病、结核、疟疾基金的新的出资(5.6 亿美元,其中撒哈拉以南非洲为 60% 左右);气候变化项目(5 年 100 亿美元)。

(2) 对于非洲的民间直接投资翻倍:2012 年增加到 34 亿美元,JBIC 成立"非洲投资倍增支援基金",5 年达到 25 亿美元的规模。

第一届、第二届 TICAD 会议时,日本首相的演说都不曾涉及援助金额,而第三届会议时小泉的演说中包括了"今后五年内提供 10 亿美元无偿资金援助"的内容,也只是将之前政府已经定下的 ODA 计划提前公布而已。前三届 TICAD,日本政府没有与非洲达成具体发展援助方案、提出对非支援的具体金额等,而这一届则显得更为"务实"。2013 年的第五届 TICAD 论坛会议主题之一就是"贸易投资的扩大"。

日本发表的涉非方针都极具针对性。在第四届 TICAD 会议上,日本表明要向非洲提供贸易、援助、债务减免和基础设施,

---

① 参见日本外务省官网相关报道:アフリカ開発会議(TICAD),http://www.mofa.go.jp/mofaj/area/ticad/index.html。

这些内容与中国提供给非洲的大致相同。在 2006 年中非论坛上，中国明确表示 2009 年对非 ODA 翻倍、向非洲提供 30 亿美元优惠贷款和 20 亿美元的出口信贷；为鼓励和支持中国企业到非洲投资，设立中非发展基金，基金总额逐步达到 50 亿美元等①。日本在援助翻倍上向中国看齐，在促进日本企业对非贸易、投资方面建立"非洲投资倍增援助基金"，试图在 5 年内达到 25 亿美元的规模，向非洲提供 40 亿美元的日元贷款。虽然援助总额不如中国，但之前的会议上从未涉及，相比之下可算是一大飞跃。

2012 年中非合作论坛上，中国提出未来 3 年将向非洲提供 200 亿美元贷款，重点支持非洲基础设施、农业、制造业和中小企业发展。2013 年的 TICAD 会议上，日本提出未来 5 年援助非洲的金额总计将约 320 亿美元。双方每年的投入相差并不大，但 320 亿美元中 ODA 为 140 亿美元，包括相当于 65 亿美元的日元贷款用于非洲的基础设施建设。

撒哈拉以南区域拥有丰富的矿产与石油，资源领域是对非投资的重点领域。在资源投资领域，中国是日本需要考虑的对手。长期以来，日本的高科技产业所需的稀有金属主要依靠近邻中国的稳定供应，但中日关系的波动也使得日本寻求稀土资源进口渠道的多元化。2007 年 11 月，日本经济产业相甘利明访问南非，目的就在于获得稀有金属的供应渠道。资源领域是中国对非投资的重点领域。根据中国商务部主编的《中国与非洲经贸关系报告》，截至 2010 年底，中国对非洲采矿业的投资占到中国对非洲投资的 28.5%。

因此，日本在非洲资源领域的投资，绕不过中国这个对手。

---

① 新华网.中非合作论坛北京峰会隆重开幕[EB/OL].2006-11-04. http://news.xinhuanet.com/world/2006-11/04/content_5290195.htm.

三菱商事曾经通过巴西的淡水河谷与中国最大的镍生产公司金川集团,在收购南非的 Metorex(拥有在刚果与赞比亚的铜钴矿)上展开竞争,而最终中国公司取得了成功。为了应对这一形势,在第五届 TICAD 召开前的 2013 年 5 月 16 日,经济产业省参照中国政府的做法,首先主办了"国际资源商务首脑会议",邀请非洲 15 国能源部长参加,以此支援日企投资非洲。经济产业省加入非洲开发之中,也可视作日本对非洲的重视。

三、加强对非政治参与与谋求"普通国家"化

值得注意的是,日本加大了对非洲的政治参与。而无论是加强与非洲国家在联合国安理会改革议题上的合作,借助非洲的力量来成为联合国安理会常任理事国,还是派遣自卫队参与维和行动、加大在非洲的军事存在,其根本目的在于实现"普通国家"化,进而完成政治大国化。

(一)加强与非洲在安理会改革上的合作

在无法谋得美国对自身的"入常"支持后,2006 年 4 月 29 日—5 月 5 日,日本首相小泉纯一郎访问了埃塞俄比亚和加纳,并在访问非盟总部时发表了演讲。小泉此次出访,旨在推动与非洲国家的关系,明确支持非洲国家在联合国改革议题上的立场,并希望非洲国家和日本一起为联合国安理会改革而努力。① 日本已经意识到了在"入常"问题上,非洲是其实现目标的关键。

2005 年,非洲以非盟的名义推出统一的联合国改革方案,坚持要求对安理会的结构和工作方法进行全面改革,给予非洲不少于两个拥有否决权的常任理事国席位和两个新的非常任理事国席位。非洲国家认为,非洲的和平与发展问题已成为安理会工作

---

① 小泉総理によるアフリカ政策演説.アフリカ—自助努力の発生地へ[EB/OL].2006 - 05 - 01,http://www.mofa.go.jp/region/africa/pmv0605/state.html.

的重要部分,安理会每年将60%以上的时间都花在了讨论非洲问题上,非洲的代表性理应在安理会中得到更多体现。① 但当时围绕"两个否决权席位"上出现分歧,使得四国集团方案最终没能与非盟方案形成"统一",从而失去了推动其通过的机会。2008年6月,日本联合德国向联大提交安理会改革决议草案,草案建议同时扩充常任与非常任理事国,并赋予新常任理事国否决权。该草案还要求联大主席考虑地理因素公平地选择新理事国,重视发展中国家,显然在方案上向非洲国家靠拢的意味。

2006年小泉访问非洲带去了大量的援助。这一年,日本对非洲的援助超过亚洲。日本明确了安理会改革与对非外交的关系,并将之付诸行动。近两届 TICAD 会议上,日本的行为也明显地体现了这一点。2008年5月,第四次非洲发展会议上,日本安排与南非、尼日利亚等7个"亲日派"非洲国家举行扩大会议,突出重视、援助非洲的姿态,希望非洲国家支持日本成为联合国安理会常任理事国。福田首相在会议期间与非洲首脑们举行了"马拉松式会谈",在与47国的双边会谈中,与40国进行了首脑级别会谈,半数与会国家明确表示支持日本"入常"。最后通过的《横滨宣言》中,强调国际社会加强对非洲发展援助的必要性等内容,最值得注意的是,其中还包括联合国安理会尽快改革必要性的内容。

2013年的第五届 TICAD 会议上,安倍首相同与会的39国非洲首脑进行会谈。《横滨宣言2013》明确写道:"我们再次确认对包括安理会的联合国各组织尽早进行改革的决议,为找出最佳途径而加强对话、发展政治关系。"②6月3日会议闭幕日当

---

① 尼日利亚总统奥巴桑乔2005年7月就联合国改革问题的讲话。转自王莺莺.对非洲形势与国际地位的再认识[J].国际问题研究,2006(6):22.
② 日本外务省.「横浜宣言 2013」躍動のアフリカと手を携えて[EB/OL].2013-06-03. http://www.mofa.go.jp/mofaj/area/page3_000209.html.

天，安倍与包括"非洲十国"首脑委员会协调国塞拉利昂总统欧内斯特·巴伊·科罗马、非盟委员会主席恩科萨扎娜·德拉米尼·祖马在内的非洲国家领导人讨论与联合国改革相关的议题。应邀与会的"非洲十国"正是这次日本提供的140亿美元官方发展援助中，用于援助非洲基础设施建设的65亿美元的主要受援对象。日本明确将对非洲的援助与其争当联合国安理会常任理事国的目标联系在一起，开始推动真正的"援助换选票"外交。

2012年，美国《外交政策》杂志对参加联合国大会的各国外交官以及专家60人进行调查，询问"现在的五大国之后最适合成为安理会常任理事国的国家是哪国"，26票投给了印度，巴西得到11票，日本为10票，德国仅为3票①。曾经呼声最高的日本，在四国集团内排到了两个发展中国家之后。德国的3票从一定意义上印证了欧美作为一个集团的衰败。在争做安理会常任理事国的国家里，日本专注于向"白人集团"宣传自身国际贡献来达到"入常"的传统策略，越发不切实际。在目前形势下，非洲在联合国改革问题上具有更大的决定权。对于执着于成为联合国安理会常任理事国的日本，只会更加需要非洲，也就越发需要改善与非洲的关系。

但是，以"援助换选票"的方式同样受到了中国的冲击。冷战后，日本参与非洲事务的最重要平台是TICAD。日本一直刻意强调此项活动的国际性与权威性，谋求主导非洲发展。然而中国并不属于日本所领导的国际援非体系内。中国的援助，以基础设施建设为中心，具有现实性以及速效性，而且不干涉内政，受到将经济增长视为第一要务的非洲国家欢迎。这使得TICAD的权威性大打折扣，也使得日本希望通过援助来谋取对非洲的主动权变得

---

① 内田孟男.国際機構論[M].ミネルヴァ書房,2013:254.

困难。而日本的 ODA 连续 13 年削减,使得日本更加有理由认为,应多做"人员贡献"来弥补因缺少资金而减少的"国际贡献",挽回日益薄弱的存在感。

日本所谓的"人员贡献",指的是派遣自卫队,参与联合国维和行动。这与日本的"普通国家"战略密切相关。早就有学者指出:"日本的执政者更希望自己成为常任理事国,是为了达到成为'普通国家'的目标。"①换言之,成为安理会常任理事国只是手段,用以达成"普通国家"这一最终目的。而在 2005 年的失败之后,随着日本外交重心的转变,"入常"作为"手段"的一面得以强化,为其"普通国家"化目标服务。

(二) 积极参与非洲安全事务,推动国内修宪

布热津斯基在 20 世纪 90 年代曾经指出:"由于争取成为地区性主导大国的目标行不通,而在没有地区基础的情况下要成为真正全面的全球性大国又不现实,那么,自然的结论是,日本获得全球性领袖地位的最好办法是积极参与世界范围的维和活动和经济发展。"②

虽然冷战结束后,日本确实比较积极地参与了世界经济发展,但是对参与维和的态度仍在缓慢修正之中。冷战后,日本对于派遣维和人员的初始目的在于,以自卫队参与联合国维和行动显示日本为国际社会做出了"人员贡献",获取日本入常所需要的"多数"的支持,同时获得"国际社会",即欧美的认可。在这些因素的共同作用下,日本在参与世界范围的维和活动上并不积极。在 1999 年,曾经的驻联合国大使波多野敬雄感叹道"日本没有明确主张,只提钱。没有敌人,广受爱戴,而到了紧要时候,却没有国家来到日本大使身边求助",为此要打破日本外交的界限,"必

---

① 肖刚.冷战后日本的联合国外交[M].北京:世界知识出版社,2002:205.
② 兹比格纽·布热津斯基.大棋局:美国的首要地位及其地缘战略[M].上海:上海人民出版社,2007:149.

须加强对联合国维和行动的合作,就欧美与发展中国家所对立的人权问题表明明确的主张等。"①

在2005年"入常"失败后,日本的外交重心发生了变化。日本坚持参与联合国在非洲的维和行动,还加强了参与力度,但其核心意图已非"入常",而是实现"普通国家"化。

小泽一郎在其"普通国家"论中以"为国际安全做贡献"为由,提倡突破"和平宪法"束缚和国内外舆论牵制,重获对外动用军事手段的权利。为了论证这一观点,小泽以强化日美同盟和参与联合国维和行动为正当理由。毫无疑问,军事化,也就是自卫队的"普通化"是普通国家化的核心,而束缚着日本实现这一目标的正是宪法第九条。

冷战后,日本参与联合国的维和行动总是与宪法第九条的修改联系在一起。在海湾战争时期,大多数日本人反对自卫队参加多国部队,PKO法案在国会讨论时舆论分裂为旗鼓相当的两派,而通过在柬埔寨的成功维和,支持自卫队参加维和行动的成了多数。于是,修改宪法第九条被置于"为了国际贡献如有必要"这一语境下进行讨论。根据《读卖新闻》《朝日新闻》的调查,2005年支持日本参加维和行动的比例超过了50%②。显然,参与联合国维和可以占据道德上的制高点,引导日本国内的修宪舆论,从而推动宪法的修改。

而非洲为日本推进"普通国家"化提供了极好的场所。近年来,非洲虽然大体趋向稳定,但是局部冲突不断。非洲的稳定始终是"国际社会"的关注焦点。而非洲国家由于自身能力所限,也需要国际社会的安全协助。2008—2011年非盟安全活动费用98%来自非洲之外的国际支持。日本与非洲之间没有什么历

---

① 国連が"ミレニアム・サミット"計画 機能強化狙う日本(解説)[N].読売新聞,1999-06-02(東京朝刊).
② 五百旗頭真.戦後日本外交史[M].有斐閣,2006:258.

史恩怨,参与非洲的维和行动显然更符合"国际贡献"标准,而非洲是最适合日本以参与维和来谋取入常支持的地区,也是最适合日本通过参与安全事务缓慢推进修宪的地区。

2008年,日本向联合国表明将向苏丹南部派遣部队参加维和行动,显示出对非洲的"建设和平"采取的积极姿态。2011年,南苏丹独立,日本派遣陆上自卫队为先遣部队,此后派遣240人的部队对首都近郊的道路、桥梁进行修建,帮助南苏丹国家建设。2012年,南北苏丹围绕石油权益分配再次发生冲突,日本最终决定向南苏丹派遣维和部队。由于维和行动所存在的风险性,事实上联合国维和行动中一般大量派遣人员进行参与的是发展中国家,而日本却没和发达国家一样,仍是派遣人员参与维和,本质上就是要显示日本自卫队海外派遣的实施。实际上,日本的维和部队所参与的维和行动,远离冲突焦点地区,进行人道主义支援,供水修学校修医院,做的其实是NGO也可以做的工作。日本参与联合国维和行动的政治象征意义比较大,首要目标是造成自卫队"普通"化的既成事实。日本国内有国际和平合作法①与特别措施法②,对于自卫队的活动进行规定,虽然认可"正当防卫、紧急避难"情况下可以使用武器,但不允许为了完成任务而使用武器。

正是由于非洲当地局势有各种变化可能,为日本借口确保"自卫队安全"将自卫队的武器使用标准扩大到国际标准提供了可能。已经有声音提出"至少对于参与基于联合国安理会决议以及某些情况下上述地区的安全框架(东亚安全机制)内的维和行动,应认可自卫队不受从来的限制,参与其中"③。

除了传统安全问题,非洲还存在着极其严重的非传统安全问

---

① 1992年实施,1998、2001年修改。
② 包括反恐特别措施法、伊拉克人道复兴直到特别措施法、加油法。
③ 田中均.国际政治の构造变动と日本[J].国际问题,2009(6):3.

题,为日本提供了一个以"警察活动"向海外派遣自卫队的机会。2008 年安理会通过四项决议,在此基础上为解决索马里海盗问题展开国际合作机制。日本与索马里海盗的渊源来自 2008 年 11 月,索马里海域发生中国籍捕鲸船"天佑八号"被劫持,而该船的船长是日本人。2009 年 3 月,日本派遣两艘护卫舰进入亚丁湾巡航,保护民间船只不受海盗袭击,并不参与取缔海盗船活动。2009 年 6 月,日本制定了《海盗应对法》,而在 2011 年 6 月又在东非吉布提设置了自卫队基地,由此以处理海盗问题使得自卫队的海外派遣实现了"常态化"。而近年海盗袭击数量锐减,日本仍决定延长在亚丁湾的巡航,并在 2013 年 12 月上旬,首次派遣两艘护卫舰中的一艘参与到以英美为中心的多国部队中。

日美同盟也是日本突破宪法束缚、实现"普通国家"目标的工具。小泉时期就是依靠日美同盟,在没有联合国决议的情况下,实现了自卫队走出周边,进入冲突地区。当然日美同盟与联合国决议有时候是冲突的,过于依赖日美同盟得不偿失。对于日本而言,有利的一点是非洲国家虽然并不愿意看到欧美的军事存在,但在打击恐怖主义等非传统安全领域却希望借助欧美的力量,而美国也意欲将非洲纳入其全球防务版图,以确保美国的能源安全。以反恐的名义,2013 年美国在 35 个非洲国家实现驻军,并仍有增加趋势。通过加强与非洲国家在反恐和军事训练方面的合作来巩固其在非洲的影响力。而日本通过日美同盟,借由美国承担全球伙伴的责任,派遣自卫队参与非洲非传统安全领域事务,可以维持自卫队在海外的长期存在。

非洲终于不再只是"国际组织中的票田,更与日本自身的增长联系在一起",随着日本对于非洲经济的参与度的加深,就如 2013 年 1 月阿尔及利亚发生的袭击天然气田事件那样,日本公民成为非洲不稳定局势受害者的概率也会上升,这样使"降低非洲各国的不稳定,与日本以及日本人自身的安全保障相关"①就更具有现实意义。在保护日本公民的名义下,在可预见的未来,日本只会加强在非洲安全事务方面的参与,延续自卫队海外派遣的"常态"化,进而实现自卫队行动的"普通"化。在这一既成事实下,将逐步改变日本民众对和平宪法的观点,最终推动和平宪法的修改,成就"普通国家"的目标。

而日本之所以越来越迫切地希望成为"普通国家",仍与中国有关。应对中国崛起,"普通国家"化成为日本朝野共识的基础之一。而在小泉纯一郎之后,日本政局动荡,经历了"六年六相"。经济不见好转,却又接连遭遇世界金融危机、"3·11"大地震的打击。在日本陷于挫折与迷惘之中时,邻国中国却日益强大。在2010年,中国又超过了日本,成为世界第二大经济体。自身信心的日渐缺失与邻国的日益强大所造成的强烈不安,使得日本更加希望通过加强军事力量来维护日本的独立与繁荣。这也是日本加大对非洲安全事务参与力度的根本所在。

四、日本对非外交的展望

1993年第一届TICAD召开时,乌干达总统穆塞维尼代表非洲各国致辞时已经提出,对于非洲的发展,援助是必要而非重要的,成功来自贸易与投资,而日本并没有重视非洲的声音。在非洲日益边缘化的时代,日本在"名誉白人"的心态下,以形象工程的姿态经营着与非洲的关系。直至非洲具有了经济、政治两方面价值时,日本才开始加大对非洲事务的投入。在非洲价值的提升过程中,欧美各国出于不同的利益需要,也纷纷调整对非政策,加大对非洲的重视与投入。除了长期拥有在非洲利益的欧美白人之外,中国、韩国、印度、俄罗斯等也参与到非洲的开发中。非洲

---

① 田中均.国际政治の构造変动と日本[J].国际问题,2009(6):14.

呈现出"白人国家"与混杂各种肤色的发展中国家竞争的姿态。号称"唤起冷战后国际社会对非洲关心"的日本倒成了非洲大陆的后来者。

在非洲争夺战中,日本并不占多大优势。不说具有传统渊源的欧美各国,就是与各种肤色的其他国家的竞争,日本也不占绝对优势。当下的日本外交有一种过度的"中国意识"。当然,中国在非洲具有压倒性存在,确实是日本不得不考虑的因素。冷战后,中国的非洲影响力带给日本的是一次次挫败感。然而,中国与日本之间对非外交存在着"历史厚度上的差距",单从与非洲的贸易额而言,就不是一个级别的。2012年,中国与非洲的贸易额达到了1 663亿美元,而日本仅为300亿美元左右。为了摆脱"边缘化""贫困化"的困境,非洲国家选择将经贸关系放在首要位置,自然欢迎日本加大对非洲的投入力度。正是"中国因素"促使非洲国际地位的回升,也加大了非洲国家与他国进行讨价还价的筹码,使西方大国特别是欧美对于非洲的控制力减弱。从这一意义出发,非洲国家也不会轻易选择与中国决裂。

首先,日本更为现实的竞争对手是韩国、印度等国家。单从贸易额看,韩国、印度、土耳其与非洲的贸易额分别是140亿、340亿、200亿美元,与日本的300亿美元相差并不大①。这些国家也在积极展开对非洲的援助,比如韩国从2006年开始,每隔三年召开首脑级别、部长级别论坛。2012年10月召开的论坛上,韩国政府表示2年之内向非洲提供5.9亿美元的ODA。这些国家虽然经济实力远不如日本,但在某些方面却拥有日本没有的优势。比如实现工业化、谋求经济上的独立是非洲国家自独立开始不变的目标。制造业被视为非洲实现可持续性发展所必需的。拿资源

---

① (アフリカはいま)中国ケタ違い 支援、日本は苦戦 施設建設着々、経済特区売り込み[N].朝日新聞,2013-05-27(東京朝刊).

换技术也是非洲国家正在做的。由于非洲工业化程度较低,制造业落后,以高品质高价格著称的日本制造业并不适合为非洲产业结构的升级提供技术转移。

其次,日本的影响力仍旧是和"资金"挂钩的,强大的经济实力是支撑这种影响力的关键。日本世界第二大经济体的地位保持了20多年,20世纪80年代,日本经济鼎盛时期,GDP相当于美国的2/3,而到了2011年,这一比重仅为38%。2010年日本失去了世界第二大经济体的地位。日本政府在2006年6月的《经济财政运营以及机构改革基本方针》中规定:一般会计出资ODA在2007—2011年度的5年之间,每年削减2%—4%。2005年小泉在七国首脑会议上表示ODA增加100亿美元,从2005—2009年,日本的ODA确实增加到了2004年的一倍以上,但包括财政投资融资等特别会计账户的日元贷款以及放弃的债权,一般会计所出的ODA纯增加额只有1 000亿—2 000亿日元而已。

到2009年,日本未能完成5年增加100亿美元ODA的国际公约,直接影响到了日本的国际信用。日本的ODA排名在2001年下降到第二位,2006年下降到第三位,2007年下降到第五位。实际上,截至2008年,虽然在ODA大幅削减的过程中达成了对非洲援助三年翻倍的承诺,但是由于英美投入的增加,日本在非洲发展问题上的存在感并没有大幅提升。

日本与非洲之间最薄弱的还是人员往来。在高层互访上,虽然自2007年开始每年日本的外相都到访非洲,但是每次也只有一到两个国家,并不算积极。进入21世纪以来,日本首相换了十来个,却只有森喜朗、小泉和安倍在任期间访问过非洲国家。由于日本政局变化,客观上也使访问非洲难以成为日本首相的出访惯例。缺乏双边层面上的政治互信和领导人间的个人友谊,这也是日本对非洲外交相比世界其他主要国家而言更为薄弱之处。

截至2005年10月1日,在非洲日本人共6 069人,占整个海外日本人口的 0.6%。非洲国家驻日大使馆达 35 个,与此相对的,日本在非洲却只有 24 个大使馆。2007 年日本新增的 6 个驻外领馆中,3 个在非洲。到 2013 年驻非领馆增加到了 32 个。但在非洲的日本公民却仍不及万人。虽然官方在努力增加,但似乎并未能带动日本国民的热情。

当然,日本也有自身优势。日本对非洲农业发展做出的贡献值得肯定。20 世纪 60 年代对非洲的日元贷款主要用于农业开发,在 20 世纪 70 年代开始日本又为坦桑尼亚的乞力马扎罗农业开发计划提供了大量支援。在 20 世纪 80 年代首次主导非洲发展援助就是应对非洲的饥荒问题。1986 年 5 月,联合国非洲特别大会上,在讨论"非洲优先项目"时,日本代表大来佐武郎的演说中提到了"非洲绿色革命构想",包括加强非洲农业研究,恢复绿色,制订合适的开发计划,农村农业生产基础建设,农村开发,重视小农的政策,在与相关机构的合作下提供资金与技术援助。[①]日本将对非洲的农业开发重点放在欧美所不重视的粮食开发而非用于出口的初级产品开发上。这些援助不仅仅是紧急性、福利性的,而是要让非洲国家可以自力更生,提高非洲的粮食稳定供应能力,从而从根本上解决非洲的饥荒问题。总之,日本对非洲的发展政策与农业开发结下了不解之缘。

日本从 20 世纪 70 年代开始支援坦桑尼亚的乞力马扎罗农业开发计划,在乞力马扎罗建立的农业培训中心教农民种水稻,在这个地区开展乡村森林发展项目,在莫罗戈罗省建设小农户灌溉项目,还在多处援建小型供水设施。加上专业性强、效率高的非政府组织、志愿者的投入,到 1998 年,该项目实现了大米产量翻三番,被视为日元贷款进行农业合作的成功典范。这一模式在埃及也同样取得了成功。本身曾是农业国的日本对于农业发展确

---

① 通商産業省.経済協力の現状と問題点 1986 年版[M].1986: 213 - 215.

实有其独到之处。

非洲饮食习惯也发生了改变。从20世纪90年代后半期开始,非洲的大米消费量增加,并持续上升。撒哈拉以南非洲的自给率为60%左右,产量在1 400万吨左右。而大米的消费以城市为主,需要从亚洲进口。粮食产量直接关系非洲的减贫能否成功。日本虽然与非洲大多数地区的自然环境不同,但对于水稻的开发、种植具有其优势。日本致力于利用在水稻上的优势为非洲的农业发展做出贡献。2003年第三届TICAD国际会议上,小泉提出"非洲新稻"作为连接亚非的纽带,而这一稻米品种的诞生也离不开日本的贡献。日本常年坚持对国际农业研究所进行资金援助、人员支持。"非洲新稻"是由非洲与亚洲稻谷杂交而成的新稻谷,抗病虫、耐寒、生长时期短等特征,被视为适合非洲种植。2002年非洲水稻中心等国际机构开始加强对非洲新稻的普及推广,当时目标是2.4万公顷,到2006年前推广到21万公顷。2009年栽培面积已经超过70万公顷。

2008年第四届TICAD会议上,日本政府承诺为填补非洲人口增长引起的粮食不足,将支援非洲大陆的稻谷开发,使其产量在十年间翻倍。在2013年的第五届TICAD会议上,日本政府再次确认了该目标,表示为达成此目标将继续努力。2008年日本国家合作署与国际非政府组织"非洲绿色革命联盟"共同倡议成立的"非洲水稻发展联盟",共有23个成员国。该联盟制定水稻战略、设定具体目标,即"十年内大米实现自给自足"、面向以农业政策为优先的国家,由日本等各捐助国以及国际机构进行援助。[1]

其中,JICA为培育水稻相关的技术人员、推广人员,提供进修机会;还派遣专门的水稻专家前往非洲指导、推进灌溉计划,致力

---

[1] 大林稔・石田洋子.アフリカにおける貧困者と援助—アフリカ政策市民白書[M].晃洋書房,2008:255.

于达成非洲大陆的稻谷产量在十年间翻倍的目标。同时,日本也认识到非洲农业市场化不足,为改善这一问题,JICA 还在埃塞俄比亚、肯尼亚为改善这些地区的粮食流通、销售、加工、促进出口等做出努力。

喀麦隆自 2008 年加入非洲水稻发展联盟以来,水稻年产量已从当时的 6.5 万吨增至 2010 年的 17.4 万吨。① 非洲的大米产量从 2008 年的 1 400 万吨上升到 2011 年的 2 000 万吨。② 非洲的日本技术专家和海外合作志愿者在非洲的农业开发、普及领域起着看似微小却意义深远的影响。例如,在乌干达各地有约 100 名日本青年海外合作队队员从 2009 年 1 月开始进行推广水稻活动,极大地拉近了日本与非洲国家的民众感情。能否将农业上的优势转化为其他优势进而在开发非洲的竞争中胜出,对于日本而言,还有很多问题需要解决。

是否能保持政策的持续性也是对日本的一大考验。2008 年金融危机爆发前,日本将包括气候问题在内的环境保护问题作为当年 TICAD 的重点议题,通过积极应对气候变化问题来凸显同中国援非政策的区别。日本当时提出将援助非洲国家利用水利、太阳能等清洁能源发电,协助制定防止土地沙漠化的对策,向非洲各国提供污水处理技术。对于改善非洲的自然环境和非洲的可持续发展具有一定意义,有利于日本正面形象的塑造。但是到了 2013 年 TICAD 时,环境保护问题失去了原有的地位,最终宣言内虽有提及,也只表示"认识到气候变动对于非洲大陆整体的严重影响,追求可持续且强韧的增长"。在不景气的时代,日本的

---

① 商务部驻喀麦隆经商处.非洲水稻发展联盟第 7 届混委会在喀麦隆召开.2012 - 11 - 10. http://www.mofcom.gov.cn/aarticle/i/jyjl/k/201211/20121108427991.html.

② 日本国第 183 回国会 農林水産委員会 アフリカ食料支援のために、ネリカ米の普及に全力を挙げて取組むよう要求。TPP 問題も追及.2013 - 04 - 25. http://www.kami-tomoko.jp/sitsumon/183/180425.html#.UzgajXGU7mU.

第四章 重建中的日本对非外交(2005至今)

对非援助事实上又回到了"经济合作"的模式。当然,TICAD作为"形象工程"的色彩越发淡薄,反而有可能帮助日本与非洲国家通过 TICAD 构筑起正常的外交关系。然而,与中国的区别也越来越小,也抹杀了日本自身的特色。

  2008 年,在举办第四届 TICAD 会议前,日本与非盟当局私下就 TICAD 的存在形式进行了各种交涉。曾经担任过马里总统、2005 年非盟委员会委员长的科纳雷在 2007 年 1 月 26 日与负责非洲冲突难民问题的佐藤启太郎大臣的会谈中表示,对日本政府的唯一不满就是非盟不是 TICAD 的共同主办方。科纳雷对佐藤提出要求,认为应该以明确的形式将非盟、非洲发展新伙伴计划纳入 TICAD 进程中。2007 年 10 月,负责 TICAD 事务的小田野展丈大使到访非盟总部,非洲强烈要求将非盟列入 TICAD 的共同主办方中,而小田野大使的回答只是加强与非盟的协作与政策对话。非盟的贸易产业委员坦克对此抱怨道"非盟是有问题,但在政治意义上对非盟的能力持怀疑态度的只有日本政府"[①]。直到 2013 年的第五届 TICAD,非盟才被纳入了 TICAD 会议的共同主办方。非洲还提出在非洲举行 TICAD,在 TICAD 最终宣言中笼统地表示双方对相互举行会议的原则达成一致,而外务省对于非洲举行 TICAD 事实上持怀疑态度,"非洲没有能举办如此大型会议的城市,而能如此细致地进行运营是日本的优点"[②],日本仍旧质疑非洲国家的能力。

  虽然并没有像欧美那般表现得高高在上,并不意味着日本人对非洲没有成见。虽然只是"名誉",但日本仍习惯于将自己置于白人的"高度"看待非洲。日本官方对非洲有种根深蒂固的歧视,这种歧视并非是建立在人种偏见之上,而是建立在实力对比基础

[①] 白戸圭一.日本人のためのアフリカ入門[M].筑摩書房,2011:174.
[②] (アフリカはいま)TICAD、次はどこ 首脳ら"アフリカ開催の時"[N].朝日新聞,2013-06-04(東京朝刊).

之上。富裕、先进的日本与贫穷、落后的非洲，日本自然高于非洲，理所当然应该领导非洲前进。这使要与非洲国家建立平等的伙伴关系变得困难，在这种关系下，日本想要取得非洲国家的信任比较困难。能否去掉"名誉白人"的意识、作风，从"日本与非洲"这一角度出发，扎实的发展与非洲的双边关系是日本能否与非洲建立起友好关系、获得非洲支持的关键。

小结　政经双重诉求与国家身份认同的重构

在经历 2005 年"入常"失败后，日本的政治大国路线经历了一次调整，从"成为联合国安理会常任理事国"路线变为以"普通国家"实现政治大国化的路线。这次调整也影响到之后日本对非外交的调整。日本虽然没有放弃成为安理会常任理事国的梦想，但成为安理会常任理事国也成了"普通国家"化的手段之一。更为明显的是，日本积极参与在非洲的维和行动，试图延续自卫队海外派遣的"常态"化，进而实现自卫队行动的"普通"化，最终推动国内和平宪法的修改。

国际局势仍在发生新的变动，但近几年西方经济的衰退，日本出于自身经济发展的诉求，更需要借助非洲的经济活力。政治大国化诉求为日本开展"政经合一"的对非经贸关系提供了机遇，也带来了巨大挑战。非洲大陆出现了欧美白人以外的行为体，围绕非洲的竞争越发激烈，而日本也在不断地进行调整。其中，日本尤其重视中国。日本的外交重心转向"普通国家"化，本身就是应对中国崛起所做出的战略调整。在非洲，日本加大了援助力度来谋求非洲国家在"入常"上的支持，却遭遇到中国的挑战。而随着非洲经济价值的出现，日本希望与非洲发展经贸关系，但无论是对非投资还是贸易，都绕不开中国。总之，基于中日关系以及中国在非洲的巨大存在感,日本对于非洲外交的调整很大程度上是参照中国而展开,而近年来这种趋势越发明显。

在日本的对非外交终于同时出现政经双重诉求的时候,日本的国家身份也在经历重新建构,而对自身国家身份的定位将会影响其对非外交的最终走向。至今为止,对日本而言,日本与非洲之间从未存在过"同质性",双方并不属于一个集团,而欧美所构成的"白人集团"才是日本自认的归属。建立在这一身份认识上,日本对非外交的考量始终摆脱不了"名誉白人"的模式。日本习惯于将与欧美的协调放在对非外交的首位,以一种对欧美政策应激性反应的方式调整自身的非洲外交政策。当非洲不是那么重要的时候,日本更需要从"白人国家"那里获取利益的时候,这一框架具有一定的可行性。然而,现在日本与欧美在非洲存在着经济上的竞争关系,政治上日本又试图获取非洲的支持提高自身地位,当欧美国家与非洲国家产生分歧时,日本又该如何选择?

日本的"名誉白人",其根基是唯一的有色人种发达国家。对于非洲国家而言,日本的吸引力很大程度上也来自日本的这一身份。然而,现在这一身份却遭遇从未有过的挑战。比如印度,虽然经济整体实力不如日本,但与日本一样具有民主制度,也是有色人种,一定程度地实现了工业化,来自亚洲,关键是从殖民地成长至今,拥有与当今国际社会绝大多数国家的共同经历。在非洲的竞争中,日本的无被殖民的历史反倒成为不利因素。是不是需要继续抱着这一身份不放,也是日本需要考虑的。

第五章

案例：冷战时期日本对南非的外交

与南非的关系，是冷战时期日本在非洲地区最为重要的一组双边关系。这一组双边关系不仅体现了日本在非洲大陆外交的特征，也影响着日本对其他非洲国家的外交。

第一节 回归国际社会诉求下对南非外交的开始与发展

日本与南非的关系可谓源远流长，历史悠久。1918年8月，日本在南非的开普敦设立了日本在非洲地区的第一家领事馆。1937年，日本与南非建交，之后因第二次世界大战而中断。战后，当日本开始接触非洲时，非洲绝大多数地区仍处于殖民统治之下。当时独立的四个非洲国家中，推行种族隔离制度的南非是唯一的"白人"国家，属于西方阵营，也是日本比较熟悉的国家。

由于旧金山和会，日本与南非再次有了政治上的接触。而在这之前，日本已经开始了与南非的贸易往来。1951年9月8日，日美安保条约签署；1951年11月9日，南非与美国相互防卫援助条约签署。作为分别与美国签署同盟协议的国家，日本与南非在恢复外交关系前就处于一种间接的同盟关系中。1952年《旧金山和约》生效后，日本与南非解除了敌对关系。当时迫切希望得到国际社会认可的日本，向南非提出恢复正常外交、互相交换大使，而南非并没有回应。1952年11月,日本在南非开设了领事馆,但是南非并没有在日本开设同级别的使馆。

随着民族独立运动的蓬勃发展,南非日益受到孤立。在1961年脱离英联邦后,南非开始试图靠近日本。因为从1957年开始的5年间,南非对日出口增加了5倍,日本是南非的第三大贸易伙伴。南非认可日本的经济成就,希望在脱离英联邦后日本可以来填补其经济真空状况。这时,南非政府主动表示希望与日本建立正常的外交关系。1961年3月1日,日本与南非达成了复交共识,准备将比勒陀利亚的领事馆升级为大使馆。迫于当时的国际压力,日本只肯将与南非的关系限制在领事级别。1962年日本在比勒陀利亚开设总领事馆,1964年在开普敦设立领事馆。而南非终于在旧金山和约生效十年后的1962年,在东京开设了总领事馆。日本以此来表明与南非之间不存在正式的邦交关系,但实际上日本与南非之间交换的是大使,而南非驻日本的领事都是曾驻西欧、美国的高级官员,双方都相当重视彼此的关系。

由于当时南非国内实行人种歧视政策,为了开展与日本的经贸往来,南非更是通过决议,授予日本人"名誉白人"的地位。也即日本人虽然是黄色人种,但被视为例外,可享受与白人"同等"或接近与此的待遇。[①]

南非原本属于英联邦,在实行对日本的贸易歧视上与英国保持一致。在南非脱离英联邦的时候,正谋求撤销歧视关税、成为西方经济体系内平等一员的日本看到了希望。1962年日本的《通商白皮书》中写道:"该国脱离英联邦,表现出与日本进行贸易的热情,有望缔结双边协议来解决歧视关税。"[②]日本希望早日解决

---

① 海外事情調査所.アフリカ要覧[M].日刊労働通信社,1962:220.
② 通商産業省.通商白書1962年版[M].1962:495.

南非对日本的贸易歧视,进而扩大对南非的出口。

虽然日本与南非在表面上不具有正式的外交关系,但双方经贸关系开展得非常顺利。早在1962年,南非的铁路使节团便受邀访问日本,双方计划由日本向南非出口铁路车辆。到20世纪70年代末,南非的劳动部部长、公共事业部部长、经济部部长等都访问过日本。

根据通商白皮书统计,1960年之后,南非与日本贸易额逐年增加,1961—1970年的10年间增加了近5倍。日非关系之所以开展顺利,首先是因为南非作为非洲唯一的矿工业国,本身拥有一定的工业基础,有望成为日本产品的消费市场。日本对南非的出口产品在20世纪60年代主要为轻工业品,最高达到对南非总出口的75.7%,其中纺织品的比率最高。20世纪60年代的日本正经历着产业结构升级,出口产品中传统的棉产品比例正在逐步下降,而重化工产业的产品出口比重在逐步增加。一方面南非自身希望通过进口实现工业化,早在1958年日本的加工产品以及中间产品已经占到南非进口总数的68.7%,机械和运输工具在1961年占南非总进口的36.2%[①]。

1965年日本对南非的出口中,重化学工业产品的比率超过轻工业品,而到了20世纪70年代末,占据对南非出口的80%以上,其中机械类占据最大比重,而运输机械如汽车以及其零件的出口提高显著。[②] 日本的汽车企业从20世纪70年代起急速扩大在南非的市场占有率,从而带动了相关零部件的出口。从第二次世界大战前的纺织品到第二次世界大战后的电器、汽车等,在日本产业变化的每一个阶段,南非总能接受日本的出口产品。

---

① 小田英郎他編.アフリカの政治と国際関係 アフリカの21世紀第3巻[M].勁草書房,1991:315.

② 川端正久・佐々木建編.南部アフリカ ポスト・アパルトヘイトと日本[M].勁草書房,1994:199.

南非拥有的矿物资源也是经济正处于高速发展的快车道、日益依赖资源进口的日本所需要的。到1959年为止,日本持续对南非出超;而进入20世纪60年代后,开始大幅入超。日本与南非的贸易关系以矿产进口为主,日后逐步扩大,从1962年的近1.8亿美元扩大到了1968年的5.5亿美元。当时日本的产业正向重化工业化发展,已经开始依赖南非的矿产资源,比如用于冶金工业、钢铁生产的钒,1965年对南非的进口率已经达到48.3%。

在南非的出口排名中,日本从1961年的第五位(5.4%)上升到1968年(13.6%)的第二位。对日贸易在20世纪60年代占据南非总出口额的8%,进口额的4.9%。① 可见南非的所谓"六十年代的奇迹"②与进入高速经济增长期的日本的大量进口之间的一定联系。

南非除了从日本进口制成品、消费品外,也是日本在非洲地区理想的投资国。1961年,由于南非希望导入日本的汽车生产体系来建立自己的汽车产业,"丰田—南非"应运而生。一开始该公司从日本进口小型四轮卡车,1963年开始现地生产。而丰田得到的最终回报是,1981年18.3%的南非市场占有率。种族隔离政策使得南非拥有大量价格低廉的黑人劳动力,而南非依靠矿物出口又拥有足够的支付能力。南非为实现自身产业发展欢迎外国的资金、科学技术,日本资本也趋之若鹜。比如在20世纪70年代南非推出"边界工业地"计划,提供优惠措施积极招商引资。日本的汽车、家电等组装产业受此刺激大举进入南非。

战后,南非取代埃及成了日本在非洲最重要的贸易伙伴。1960年,日本对南非的出口、进口分别为5 684.3万美

---

① 川端正久・佐々木建编.南部アフリカ ポスト・アパルトヘイトと日本[M].勁草書房,1994:205.
② 南非在20世纪60年代实现的经济增长仅次于日本。

元、5 687.3万美元,相当于日本对整个非洲地区出口的16%。除去利比里亚后,为对非总出口的21%,进口的35%。整个20世纪60年代,对南非的出口占到对非洲地区总出口的为17.8%,进口为41.4%。根据通商白皮书统计,对非贸易中南非所占的比重,20世纪50年代为总出口的10.3%,进口的26%,20世纪60年代已经变成了17.8%、41.4%。

除此之外,由于西非盛产金枪鱼等海产品,当时有大量的日本渔船在当地进行捕捞,南非的开普敦港一直是重要的补给站,也是日本与南非进行民间交流的一个窗口。

第二节 资源诉求下对南非外交的调整与加强

1973年第一次石油危机爆发,日本的整体外交在危机下有了巨大的调整。为了确保自身资源供应的安全,日本开始重视起非洲大陆。

当时由于北非的阿拉伯国家与撒哈拉以南黑人国家统一立场,合力对付双方的敌人——以色列、南非,使迫切需要打开与阿拉伯产油国僵局的日本不得不考虑自己在南非问题上的立场。

早在20世纪60年代,日本与南非的密切的经贸关系更受到了新独立非洲国家的谴责,尤其是在联合国。自1960年之后,日本与南非的贸易进出口形成逆转,变成日本从南非的进口大于出口,与日本对其他非洲国家的大量出超形成了鲜明的对比。虽然这段时间,日本还需要依靠非洲国家在国际机构中所拥有的选票支持来提高自身地位,然而在涉及南非问题与"白非洲"[①]相关议

[①] "白非洲"指非洲进入独立浪潮后,仍旧存在与东南部非洲的白人殖民国家葡萄牙,白人少数统治下的南罗德西亚(津巴布韦)、南非以及南非非法占领下的西南非(纳米比亚)。

第五章 案例：冷战时期日本对南非的外交

题时，则一直站在欧美这一侧。比如1962年11月6日的联合国大会以67票对16票通过决议，要求对南非采取共同措施，使其停止种族隔离政策。该决议得到几乎全体非洲国家的支持，但日本却和美国一起投了反对票。[①] 伴随着日本与南非经贸关系不断加深的，是非洲国家对日本的谴责。

第一次石油危机发生后，出于确保石油以及铜矿等资源稳定供应的考虑，日本不得不对黑非洲也表示友好。当时日本由于重化学工业化，需要进口与之相关的诸如金属原料、矿物性燃料等基础原材料。日本在非洲的主要贸易国，除了南非外，还有尼日利亚、赞比亚、扎伊尔，从这些国家进口铜、铁矿石、原油等资源类产品。在1974年9月的联合国大会上，木村俊夫外相在演说中指出："再次确认我国反对南非的种族歧视、占领纳米比亚以及南罗德西亚的少数白人支配这一历来的基本立场，同时今后也会遵守对南罗德西亚进行经济制裁等相关联合国决议，继续为非洲各国人民能快速达成愿望提供协助"[②]。对于非洲的反种族隔离斗争，表示了积极的态度。

实际上，1973年日本对南非的出口比前一年增加63.3%，达到5.9亿美元，进口比前年增加30.9%，达到5.2亿美元。而1974年，日本与南非的总贸易虽然仍在增加，出口达到9.6亿美元，进口为7.6亿美元，但日本对南非的出口从1975年开始连续三年下降，进口除了1976年外却一直处于上升态势。

1979年的联大会议上，园田直外相在演说中对南非种族隔离政策继续存在表示遗憾，表示"对联合国解决南非问题提供帮助，

---

① 奥野保男.现地でみた『アフリカの年』当时の对日关系.アフリカと日本アフリカの21世纪第4卷[M].劲草书房，1994：210.
② 外务省.わが外交の近况(外交青书)1975年版[M].1975：52.

希望南罗德西亚等早日达成独立"①。但并没有任何建设性具体内容,日本对南非关系的"收敛",也只是昙花一现。

很重要的原因在于,第一次石油危机后,日本开始产业转型,即从重化工业向知识密集型转型。如钢铁、船舶为代表的大型设备产业,到了20世纪70年代中期迎来顶峰后下滑。取而代之的是一般机械,电器机械,汽车为中心的加工组装产业,20世纪70年代后占据日本对外出口的将近一半。20世纪80年代又转向了高科技产业,尤其是半导体、电子产业。这样日本对稀有金属的依赖就大大增加了,而对铜、铁等金属的需求则在减少。日本对于南非的资源依赖,也随之日益加深。

譬如在日本的支柱产业——汽车工业中,铬用于强化汽车钢板,白金用于汽车排气净化材料,锰用于充电池。而南非拥有的锰、铬的储量占据全球70%以上,1974年日本工业所需铬矿的87%来自南非②,1985—1986年铬矿资源的56%也来源于南非。充电池所使用的锰进口自南非的约为37%。可以说,如果没有南非的稀有金属,就没有日本的汽车产业。生产钢铁的铁矿石可以从澳大利亚、巴西等地筹集,但是在冷战大背景下,很难找到南非以外的稀有金属稳定供应地,这也是南非对于整个日本的价值所在。

从1983年开始,日本对关键资源实行战略储备,其中包括镍、铬、钨、钚、钼、锰、钒这七种矿物。而根据南非矿业局的统计,其中铬、锰、钒的储量分别是74.5%、81.7%、47.1%③,日本对于

---

① 平和へ政治の役割 園田外相 国連演説で強調[N].読売新聞,1979-09-26.朝刊.

② 贾淑荣.试析日本对南非的经济战略[J].内蒙古民族大学学报社会科学版,2008(6):13.

③ 川端正久·佐々木建编.南部アフリカ ポスト·アパルトヘイトと日本[M].勁草書房,1994:216.

南非的铬的依存度达到58%,锰为50%,钒为66.3%。

除了稀有金属以外,随着日本的日益富裕,对于黄金、白金这样的贵金属的需求也在增加。日本从南非进口的黄金在20世纪80年代激增,1986年达到进口的16.7%,而铂占到1987年进口的1/5[①]。总之,对于日本而言,南非日益转变为其确保战略性资源进口的最重要供应国。

即使是能源类,由于20世纪70年代两次原油大规模调价,日本开始重新利用煤炭。为了分散风险,日本需要扩大煤炭进口来源,南非就成了仅次于澳大利亚、美国、加拿大的供应来源。南非20世纪70年代中期之后开始正式出口煤炭,其煤炭业的开采量1988年占据世界总量的5.2%,居于第六位,出口仅次于澳大利亚、美国,占第三位。1985年,日本从南非进口的煤炭占总进口的22.2%。

在经历了第一次石油危机的冲击后,日本对非洲的资源诉求又逐渐集中到了南非一家。而日本的产业结构升级使低端棉产品等的出口减少,工业品的出口增加。1987年,工业品占据日本对南非出口的90.3%。[②] 这时,非洲市场也只有南非适合日本的产品出口。尤其是进入20世纪80年代后,完成产业升级的日本由于强大的出口能力而在欧美四处遭受限制,而南非市场却对日本的出口持欢迎态度。

日本对非洲的贸易,1975年迎来出口最高峰的10%,1990年下降到2%。进口从1968年最高峰的6.5%,下降到1990年的1.7%。而南非在日本的对非贸易中所占的比重,出口从1979年的19%上升到1988年的33.8%,进口更是从1979年的40.5%

---

① 川端正久・佐々木建編.南部アフリカ ポスト・アパルトヘイトと日本[M].勁草書房,1994: 213.
② 川端正久・佐々木建編.南部アフリカ ポスト・アパルトヘイトと日本[M].勁草書房,1994: 205.

上升到 1986 年的 56.6％。更为直观的是，1986 年日本对南非的贸易额为 36 亿美元，而撒哈拉以南 45 个非洲国家与日本的贸易为 26 亿美元。单一国的贸易规模就远远超过了其余的 45 个国家。冷战时期，南非成了日本在非洲大陆最紧密的贸易伙伴，也是在非洲最大的利益所在。即便是出自自身利益考量，日本也需要为了维护与南非的关系而做出努力。

所以，日本一直不支持制裁南非，认为与南非的对话才能让南非白人政府改变种族隔离制度。除了在 1971 年的禁止直接投资法之外，日本事实上并没有采取任何具体的措施来对南非的种族歧视进行制裁。在政府的默许下，日本的私人企业大举进入南非，包括制造业、商社、运输、渔业等。直到国际社会对南非制裁日益加深的 1985 年，日本驻南非领事还在批判国际经济制裁，强调要保护南非白人的利益。

第三节　世界经济危机下对南非周边国家援助的增强

第一次石油危机后，当西方阵营整体陷于经济衰退，已经成长为经济大国的日本在被认可参与世界经济运营的同时，也被要求承担起更大的责任，其中之一就是承担起"援助非洲"的责任。当时南非陷于南部非洲发展共同体成员国，即坦桑尼亚、赞比亚、马拉维、莫桑比克、津巴布韦、安哥拉、博茨瓦纳、斯威士兰和莱索托 9 个黑人国家的包围之中，虽然在如何结束南非种族隔离政策上这九国意见并不统一，但在反种族隔离上意见是一致的。日本通过援助南非的周边黑人国家，来为南非白人政权的继续存在做贡献。

首先，日本对于联合国南部非洲相关基金的资金供应，从 1979 年的 34 万美元增加到 1980 年的 39 万美元，1981 年之后

第五章 案例：冷战时期日本对南非的外交

增额到 43 万美元。20 世纪 80 年代中期，日本对南部非洲的 ODA 增加。1987—1989 年，日本开始实施第一期"无偿援助"，实施对象限定为非洲国家，第二期才增加了亚洲以及中南美国家。而第一期、第二期援助中，赞比亚是最大的受益国，其次为坦桑尼亚。

其次，从国别来看，对于领袖国家坦桑尼亚，虽然从中华人民共和国建国之初尼雷尔对美国就抱有不信任感，但日本与其一直维持着比较好的关系。在 20 世纪 60 年代，日本一共对 3 个非洲国家提供了日元贷款，其中就有贷给坦桑尼亚的 20 亿日元。但是与当时贷给尼日利亚的 3 000 万美元相比，数量并不算多。1976 年在坦桑尼亚领导成立针对南非的前线 5 国后，日本对坦桑尼亚的援助有了飞跃。

1974 年 8 月，坦桑尼亚正式向日本大使馆发出邀请，希望日本对其乞力马扎罗州综合开发计划中的 14 个项目进行技术合作。然而日本在派遣了众多调查团前往坦桑尼亚调查后，却一直没有制订出任何"综合开发计划"。而在 1977 年 11 月，日本向坦桑尼亚政府提交了日本版的乞力马扎罗州综合开发计划，将重点置于农业开发等 5 个项目。正由于乞力马扎罗州综合开发计划这一"项目"的存在，使得以"项目"提供援助的日本对坦桑尼亚的援助开始激增。到 1976 年为止，日本对坦桑尼亚的援助几乎都是以日元贷款的方式出现的，无偿援助也是为了填补对坦桑尼亚的贸易大量出超。1977 年开始，为乞力马扎罗州综合开发计划所提供的援助中却包含着大量的无偿援助。截至 1986 年，日本对于坦桑尼亚的日元贷款为 353.57 亿日元，无偿资金援助为 283.40 亿日元，技术合作为 125.58 亿日元，总计 762.55 亿日元[①]。无偿

---

① 日本外務省：タンザニア連合共和国. https://www.mofa.go.jp/mofaj/area/tanzania/.

资金援助与技术合作相加的金额超过了日元贷款,而总额仅次于肯尼亚排名第二。这种"良好"的关系下,1981年尼雷尔访问日本,希望日本加大对非洲的援助。

日本对坦桑尼亚的重视,除了拉拢坦桑尼亚,从而减轻对南非的压力、为西方阵营做贡献外,也是希望借助坦桑尼亚的非洲领导地位,缓解非洲各国对自身与南非关系的批评。

对于友好国家赞比亚的援助,则更为明显。到1984年为止,赞比亚最大的援助国是美国和英国,1985年之后日本上升到第一位。南部非洲各国中,日本对马拉维的援助仅次于赞比亚。马拉维曾是唯一与南非维持外交关系的非洲有色人种国家,而20世纪80年代马拉维的主要援助国是英国、联邦德国,1987年之后日本上升为第一位。

值得注意的是,日本从1972年就开始对赞比亚开展援助,整个20世纪70年代为赞比亚基础设施建设,如广播电视网络扩充、道路运输扩建以及国营铁路扩建提供了总计131亿日元的贷款。20世纪80年代初,又为建设硫酸工厂以及氮肥工厂修复提供了118亿日元贷款。1983年后赞比亚经济恶化,1984年之后日本就不再提供贷款。赞比亚具有丰富的矿产资源,尤其是铜,这是当时的日本工业所需要的资源。依靠铜矿出口,赞比亚也有足够的支付能力。赞比亚经济的恶化,很大原因在于铜价格的下跌。

20世纪80年代日本开始对赞比亚提供无偿资金,为赞比亚的农业开发、粮食援助、粮食增产援助146亿日元。1987年日本为了支持赞比亚的"结构调整",提供了150亿日元。20世纪80年代对赞比亚所提供的无偿资金多用于农业开发,与当时日本主导非洲发展的思路也是吻合的。

日本对南部非洲发展共同体九国的援助,呈现出非常明显的差异现象。如对赞比亚等的援助数以亿计,而对安哥拉、博兹瓦纳、斯威士兰和莱索托的援助都未曾超过 100 万美元。这些几乎都是最不发达国家,1989 年人均 GNP 超过 1 000 美元的只有博兹瓦纳。而对于安哥拉这个美国不承认并支持其反政府组织的社会主义国家,直到美苏缓和,于 1988 年日本对其提供了 3 亿日元的无偿援助,之前则为零。

显然,日本的援助对象具有明显的针对性。日本对非洲周边国家的援助,并非为了支持南非周边的黑非洲国家的发展,从而使其具有与南非进行斗争的实力,而是通过稳定南非周边环境、支援南非白人政府。

第四节 欧美"敲打"下的对南非外交再调整

在 1988 年之前,日本对于南非的制裁都是跟在欧美之后进行的。比如 1985 年,由于南非白人政府出台紧急事态法,迫于国会的压力,美国政府不得已出台对南非的制裁方案,转变对南非的政策。美国在 1985 年 9 月 9 日发表对南非制裁措施后,9 月 10 日欧共体各国也同样出台了制裁方案。而到了 10 月 9 日,日本才发表"关于南非共和国种族隔离问题的安倍外务大臣谈话",表明采取制裁措施。1986 年美国再次带头制裁南非,6 月美国参议院、8 月众议院通过了禁止对南非进行新融资、禁止铀煤进口、禁止南非飞机进入美国等强化制裁的法案。虽然里根政府行使否决权,该法案仍在参议院以多数通过,9 月得以实施。于是日本也不得不采取"不承认生铁、钢材进口""限制日本南非间旅游""确认停止与南非的飞机互相进入",以及"我国公务员禁止使用南非航空的国际航线"等制裁措施。

但是,在欧美并没有新的制裁南非举措出台时,日本罕见地在 1988 年实施了对南非的又一轮制裁。而这一轮制裁针对的还是日本当时的支柱企业——跨国汽车公司。日本政府要求这些大型汽车企业进行出口限制,最终对南非成品车的出口从1988年的3.05亿美元下降到1990年的1.2亿美元,零件出口也减少了21%。日本对南非的贸易,1989年下降为1988年的83%,1990年则为1988年的71.4%。但1989年进口上升到了1988年的105.2%,1990年回落,下降到1988年的95.3%。①但日本对南非的贸易总量确实在减少。而这一轮制裁的出炉,表面上是出于回应国际社会对日本与南非的贸易额"荣升"为全球第一位的批判,实质上是源自欧美对于日本的贸易黑字以及市场封闭进行的"敲打"。

20世纪80年代前半,日本对美出口激增,而对美进口几乎没有增加。1985年后,日元升值,但美国仍是日本最大的出口地。而对东南亚、西欧的出口也急速增加。1985年的OECD部长理事会上,欧共体与美国一起指名谴责日本的贸易黑字。当时欧洲面临着高失业率,美国则希望日本增加市场参与机会。欧美一起谴责日本对于开放市场不努力:"日本的进口增加跟不上出口,要求日本开放市场的不只是EC。为了增加产品进口,日本必须调整国内结构,消除障碍,对此需要施加必要的压力。"②

欧美对南非进行新一轮制裁的时候,也正是日本与欧美之间贸易摩擦最为激烈的之时。而1986年日本超过美国成了南非第一大贸易伙伴国,正好为欧美敲打日本提供了机会。

特别是在美国1986年成立的全面反种族隔离法案中,包括这样的内容:第402条,总统有权利限制由于本法律对美国国民所规定的限制、禁止措施而获取利益或者获取商业利益的外国产品或服务的进口;第403条,根据本法律而被要求中止、缩

---

① 林晃史編.南部アフリカ諸国の民主化[M].アジア経済研究所,1993:220.
② 読売新聞,1985-04-12(朝刊).

小在南非的商业活动的美国国民,能够对那些由于这一中止、缩小而获取商业利益或者获得利益的人或公司提起诉讼,要求赔偿损失。①

1986年11月,意识到问题的外务省通过通产省提醒企业界慎重考虑,不要做有损于美国对南非经济制裁效果的事。② 1986—1987年,美国IBM、GM、柯达等大公司撤回在南非约50亿美元的资本。在南非日本有70来家企业,新闻报道中表明要撤出的企业,只有东京银行与小四六照片工业两家。

1987年IMF的统计中,日本对南非贸易额为43.4亿美元,第二位联邦德国为38亿美元,美国大幅减少到26.8亿美元。美国从而判断日本从中渔翁得利,1987年10月,经美国参议院外交委员非洲小委员会讨论,委员会主席提出应采取对与南非进行贸易的日本企业产品实施赶出美国市场的措施。1988年3月,在众议院外交委员会非洲小委员会以及国际经济政策、贸易小委员会的共同听证会上,日本被列为美国政府采取对南非制裁而得益的国家之一。1988年2月22日,美国黑人议员联盟主席向竹下登首相发来书信,表示对日本成为南非最大贸易对象国的担心。

外务省担心对南非的贸易可能成为新的日美经济摩擦的火种,于是再次要求企业界配合,对南非贸易进行自我限制。1987年9月8日,外务省中近东非洲局长恩田在经团联常理事会会议上的发言中,明确指出美国所通过的全面反种族隔离法使得总统可以对由于美国的限制措施而得益的第三国产品施以进口限制,可以向取代美国企业获益的外国企业提起诉讼。而由于日元升值,日本在1986年超过美国成为南非的第一大贸易伙伴。而

---

① 天木直人.マンデラの南アフリカアパルトヘイトに挑んだ外交官の手記[M].株式会社展望社,2004:67.
② 天木直人.マンデラの南アフリカアパルトヘイトに挑んだ外交官の手記[M].株式会社展望社,2004:96.

且,贸易额还在增加,希望日本企业慎重①。

然而,1987年日本对南非的贸易额继续领跑全球,并大幅超过美国。在严峻的现实面前,日本政府内部终于达成一致,为了减少对南非的贸易,外务大臣、通产大臣轮番出动,做企业界的工作。最终统计显示,1988年日本对南非的贸易额为39.78亿美元,而同年联邦德国对南非的贸易额为50亿美元左右,日本终于从第一位上退了下来。而之所以最终企业界肯配合、政府的措施能推行成功,恰恰证明了在日美关系面前,别的关系都没那么重要。

由于当时欧美民间掀起了巨大的反种族隔离运动,欧美各国也希望将世界舆论的矛头指向日本,用以减轻对自身的谴责。虽然日本在1961年已经被南非白人政权授予了"名誉白人"的地位,而直到1986年9月19日《纽约时报》的报道,才使得日本的这一身份广为人知。曾任外务省非洲二课课长的天木直人提到其接待过的一名非洲部长的经历:参加国际会议的非洲各国部长在大堂就日本与南非成为第一位贸易国进行讨论,群情激奋之时,欧洲的外交官插入其中,进行挑拨,说日本趁着国际社会限制与南非的关系时增加与南非的贸易等。很多非洲外交官也不调查就信了,于是对日本更加愤怒。

欧美对南非的政策实质上并没有不同于之前,比如关于召开国际会议,由于印度、北欧明确表明反种族隔离立场,所以美国、英国就希望能在财政上又宽裕的日本举行国际会议。日本从20世纪70年代开始按照联合国的规定,禁止与南非的文化交流,美英就以学术会议应该尊重学术自由,不应以政治上的问题不给南非学者发放签证为由施加压力,让日本给南非学者发放签

---

① 経済団体連合会.対南アフリカ共和国貿易姿勢について[J].経団連週報1871号,1987.

证。1988年的多伦多七国首脑会议的最后声明,仍表示希望通过南非"国民谈判"来实现无种族歧视的民主主义。

1986年9月19日,日本对南非追加制裁,拒绝向南非国民发放来日本的旅行签证。但是1987年11月底,台北起飞的南非航空客机坠毁,乘客140人中47名为日籍,①一大半是从事与水产相关的船员。因为当时以南非为中心,日本在大西洋、印度洋上共有60个渔业基地,年均250艘、5 000名船员为补给而去南非。日本与南非私底下往来的密切程度,一下子公之于众。再加上IMF的统计表明,1987年日本对南非贸易额为43.4亿美元,第二位联邦德国为38亿美元。各项因素相加之下,1988年12月5日联合国大会通过决议(赞成123票、反对12票、弃权19票),点名谴责日本。

让日本极其委屈的是,1987年虽然美国对南非的贸易额虽然大幅减少到26.8亿美元,但联邦德国增加14.4%,法国增加17.8%,英国增加6.7%。而1988年日本对南非的贸易按照美元计算下降了3.5%,按照日元更是减少了14.7%,联邦德国、美国、英国则分别增加了20%—40%。然而日本的解释并不被认可,最终受到联合国决议指责的是日本。

与日本的处境形成鲜明对比的是联邦德国,1988年日本对南非贸易额为39.78亿美元,而同年联邦德国对南非的贸易额为50亿美元左右,超过日本。联邦德国以贸易为民间所为,与政府无关回应对其指责,维持了与南非的外交关系。虽然联邦德国对新的投资予以管控,但在南非的约400家企业仍旧继续作业。当然联邦德国之所以受到较小的指责,与1987年和1988年联邦德国的总理、外交部部长先后访问非洲各国并给予非洲160亿美元的

---

① 楠原彰.アパルトヘイトと日本[M].亜紀書店,1988:56.

支援密不可分。①

在冷战前最后一次对南非的制裁中,日本的处境显得可怜,却也从一个侧面显示出了日本国家身份的尴尬。

第五节　国家身份与日本对南非外交的困境

冷战时期,日本对自身国家身份的认定在对南非的态度上显得尤为明显。也正是在日南关系上,由于国家身份上所造成的日本的尴尬处境也一览无余。

一、欧美与非洲国家在南非问题上的对立

虽然地处非洲,但南非却是一个"白人国家"。经济上,战后南非大致保持了中等发达国家的水平,政治上南非政府全面推行种族隔离政策,即根据一个人的肤色来决定其政治、经济、社会等权利。南非本身是一个多种族的国家,主要有土著人、白人、"有色人"和以印度人为主体的亚洲人。种族隔离制度建立起来的是一个少数白人统治的国家。1960年时,南非白人约为400万,只占总体1 300万人口的1/3。

战后,第三世界运动兴起,非洲也处于这样的大势之中。随着英法从非洲政治上的撤退,南非的白人政权开始面临生存压力。1960年南非白人投票决定实行共和制,不再将英国君主称为国家元首。1961年,迫于国际社会压力,南非退出了英联邦。随着非洲独立运动的蓬勃发展,推行种族隔离制度的南非日益受到孤立。

当最后的"白人帝国"葡萄牙撤出非洲后,为了确保自己的安

---

① 那須聖.生まれ変わる南アフリカ共和国[M].泰流社,1989:279.

全,南非自20世纪70年代起就对周边国家推行"干扰政策",破坏区域安全。比如莫桑比克在1975年从葡萄牙独立,建立社会主义政权,由于南非、罗德西亚白人少数支配政权扶持反政府组织,使得莫桑比克陷入内战。惧怕莫桑比克和安哥拉独立之后就轮到自己,于是纠集葡萄牙的秘密警察,逃跑囚犯组成莫桑比克民族抵抗组织,进行反政府活动,以搅乱莫桑比克的国家秩序。1980年随着津巴布韦独立,反政府组织一时陷入绝境,这时南非出资、出武器,训练反政府武装,并建立通信设施,让反政府武装使用南非的飞机、潜水艇。反政府武装破坏交通网,袭击救援队,抢夺救援物资,使得遭受旱灾的莫桑比克民众得不到救援。1984年2月,南非与莫桑比克签署互不侵犯条约。1986年5月,在西方七国首脑会议召开前一个月,南非军队还在对赞比亚、津巴布韦、博兹瓦纳三国进行跨境攻击,成了地地道道的非洲公敌。

在国内,1976年南非完成了种族隔离的最后阶段,将大多数的黑人完全分离出去的同时,给予少数有色人种选举权。1983年,白人议会通过并于1984年实施"人种三院制议会"宪法。1984年开始,随着南非国内对于种族隔离的斗争激化,1985年7月21日南非实施紧急状态宣言,采取彻底镇压黑人的政策。

非洲国家对于南非的态度极其明确,1961年5月30日埃及宣布与南非断绝外交关系,次日加纳发表声明,不承认南非,此外有11个非洲国家断绝了与南非的经济往来。在1961年10月的联合国大会上,南非外交部部长公开发表礼赞人种歧视的发言,引起非洲各国的愤慨。大会通过了利比里亚所提出的谴责决议,非洲十几个国家抵制南非贸易。在这些非洲国家的推动下,联合国陆续通过了9个制裁南非的决议,南非日益成为国际孤儿。

而欧美对于南非的态度则不同,虽然在1961年10月的联合国大会上,美国、英国也站到了谴责南非的一方,但并不愿意制裁南非。1974年联合国大会剥夺了南非代表参加联合国大会的权利,却被安理会否决。1975年5月就南非非法占领纳米比亚,希望联合国安理会通过禁止向南非出口的决议,但由于法国、美国和英国三个常任理事动用了否决权而未成立。

1982年由于黄金价格暴跌,依靠黄金出口支持的南非经济受到重创,于是IMF向南非的白人政权提供了10.7亿美元的融资进行救助。IMF这一欧美主导的国际组织的行为揭示了欧美对于南非白人政权的真正态度。在冷战结束时,南非拥有六颗原子弹,并能制造第七颗。虽然联合国通过了各项"制裁"决议,实际上南非却得到了欧美的大力扶持。

欧美之所以如此"偏袒"南非,哪怕其种族隔离制度本身就是对欧美所推崇的"自由民主"制度最大的讽刺,是由于在冷战时期,南非在西方阵营内具有极为重要的战略位置。

比如好望角航线,年均通过3 000艘西方的货船,大部分是无法通过苏伊士运河的大型油轮。这些油轮运载着中东出口北约原油的80%,而北约的战略矿物资源的70%通过好望角航路运输[1]。此外,南非出产的稀有金属是西方世界重要的战略物资。在所谓"自由主义"阵营内,各种铬、铱、锰、铑、白金、金、钻石,南非的产量都是最高的。比如美国所需要的钚、铬、锰、铂等的80%依靠南非。对于西方阵营而言,南非对确保自身经济利益至关重要。更为重要的是,这些矿物资源除了南非拥有外,还集中蕴藏于苏联境内。按照1986年的统计,全世界的白金出口,苏联占47.8%,南非为46.5%;铬,南非占33.4%,苏联占30%;锰,苏联占43.5%,南非15.8%;钚,南非占41.5%,苏联为28.2%。[2] 不是南非就是苏联,如果苏联控制了南非,它将垄断美国和其他西

---

[1] 伊高浩昭.二〇一〇の南アフリカ[M].長崎出版株式会社,2010:279.
[2] 天木直人.マンデラの南アフリカアパルトヘイトに挑んだ外交官の手記[M].株式会社展望社,2004:121.

方国家所必需的战略矿物资源,从而在东西方战略竞争中居于主动和优势地位。

而且,南非将本质上是反人种歧视的非洲反帝反殖民主义运动与社会主义化联系起来,把自身塑造成"反共急先锋",为自己寻找到了对西方世界而言的存在价值。1974年随着葡萄牙国内局势的改变,最后一个白人殖民地国家葡萄牙退出了非洲的舞台。这样,南非白人政权的生存环境进一步恶化。原葡萄牙殖民地莫桑比克和安哥拉在经过长期武装斗争后,又都选择了社会主义道路。这时南非开始主动出击,1975年入侵安哥拉。在安哥拉政府邀请下,古巴派军进驻安哥拉,虽然南非退败,但却让南非自我标榜的形象显得确凿可信,显示其所具有的遏制东方阵营在非洲南部"扩张"的价值。

欧美对于南非的态度是,南非在不发生共产主义化的前提下完成黑人多数统治,并与西方阵营维持良好的关系是最佳结果。但维持种族隔离的白人国家南非,总好过一个社会主义的黑人国家南非。于是在各种"制裁"中,南非的白人政权安全度过了整个冷战。

二、国家身份与日本的选择

欧美的真实态度,日本显然是清楚的。日本本身也并不支持制裁南非,认为与南非对话才能让南非白人政府改变种族隔离制度。

但是日本毕竟不是欧美,而且新独立的非洲各国对日本的"承认",是作为战败国的日本所需要的,选票支持也是希望赢得各国际机构选举的日本不可或缺的。加上日本与非洲同属于"亚非集团"之内,日本曾有过这样的定位:"日本今后活动的重点仍是亲自由主义阵营,同时也要积极作用于以新兴非洲各国为中心的集团,成为强化西欧与亚非各国团结的关键",因此"需要从历来的西方阵营代言人转为代表亚非各国利益,将亚非各国的不满传达给西欧各国"。①

然而不久,日本就意识到"非洲各国对殖民地主义清算与人种歧视废除有重大关切,对于这一问题态度强硬。我国对这些问题,特别是对南非的经济制裁,没有与非洲各国统一步伐,招致很大不满。这里,存在我国对非洲各国做好工作的问题"②。

之所以与非洲各国不能统一步伐,与日本对自身国家身份的定位有着很大关联。日本对于新独立非洲国家的认识,源自第一届亚非会议。对于曾经的帝国日本而言,确实难以对亚非会议的意识形态基础——反帝反殖民主义形成共识。而在非洲,反帝反殖民主义最终演化成了反种族歧视、反"白人"。虽然日本把自己包装成了世界反人种歧视的先驱,在联合国等国际场合,日本号称一贯坚持反种族歧视,其依据是在1919年的巴黎和会上,日本努力将反对人种歧视的条款导入国际联盟的规章之中。然而日本当时的反人种歧视,是为了打破对于大日本帝国的臣民及其移民的歧视,特别是美国的排日主义。日本与非洲本身距离遥远、历史关系浅薄,经济上也没有什么相似性,缺少意识形态上的基础,两者本质上并不属于一个集团。所谓作为"亚非集团"一员的日本,只是虚假表象而已。日本对于非洲各国的援助,本质上也并非为了非洲国家的发展,而是为了维护日本所处集团的整体利益。而因为与南非的关系,日本在联合国多次受到非洲国家的谴责,还因此不止一次在非常任理事国的竞选中失败,却从没有动摇过日本与南非的关系。

日本自认不与非洲同属一个集团,而南非则不同。双方战后

---

① けわしい 1961年 続世界情勢の展望[N].読売新聞,1961-01-06(朝刊).
② 外務省中近東アフリカ局.1965.第二回 AA 会議に対するアフリカ諸国(サハラ以南)の態度について(AA 会議準備用メモ).外務省外交記録文書.2009-0683.

第五章　案例：冷战时期日本对南非的外交

关系的起点是旧金山和会，都是西方阵营的一员，更是"白人"集团的一员。日本外交当局也一直存在着"南非虽然黑人占多数，但是白人国家"这样的传统判断。① 在1962年的《海外市场白皮书》中，对于南非共和国是如此分析的："南非市场作为多数白人所居住的国度这一点，应从'欧洲的延长'进行把握"②。这种观点还存在于非政府机构、但从事与南非相关工作的日本精英阶层中。原本日本对南非的研究，是建立在战前对英国殖民地南非的研究之上，虽然在田野调查上取得了不少成果，但哪怕是到当地进行调查的人员的观点，"事实上是在欧美研究的观点上形成的"。③

1960年，NHK的特别报道团首次登上非洲大陆进行实地调查，对于南非的描述是："由于南极考察船、日本货船、渔船停靠于开普敦，对日本的感情并不同于对其他有色人种。亲日，柔道流行——在开普敦这样的环境中，可以说只要是日本人，完全可以像白人般生活。"而对于南非的种族歧视政策，则写道："但是这些歧视待遇另当别论，可以看到南非联邦黑人的生活水平，比我们至今到过的任何国家都高得多，教育水平也高得多。"④这些意识的背后，是作为曾经拥有过殖民地的统治者，现今有色人种中唯一的发达国家的优越感，也是作为受到白人认可的"名誉白人"所产生的凌驾于其他人种之上的优越感。

日本对南非更有亲近感，然而双方在集团内又都不被视为平等一员。对于日本而言，影响日本与南非关系的要素并非是非洲其他国家，也不是南非本身，而恰恰是双方所共处的西方阵营。

---

① 森川純.南アフリカと日本—関係の歴史・構造・課題[M].同文館出版株式会社,1988:106.
② 日本貿易振興会.海外市場白書——九六二版[M].1962(1):336-338.
③ 川端正久・佐々木建編.南部アフリカ　ポスト・アパルトヘイトと日本[M].勁草書房,1994:213.
④ NHK特別報道班.アフリカ大陸を行く[M].二見書房,1960:90.

而改变双方关系的最重要因素,是那个将它们联系起来的共同盟友——美国。虽然与南非的经贸关系是日本在非洲大陆最大的利益所在,但日本对南非的政策也必须随着欧美态度的改变而改变。日本所能得到的最大好处是可以隐身其中,不用独自面对指责,并能获得继续与南非保持经贸往来的保护伞。而当事实上保护着日本的欧美各国调转枪头对准日本时,日本却束手无策,这也同样是南非在集团内部的困境。

在冷战行将结束之时,日本这种身份上的尴尬显得特别明显。与欧美关系的恶化,导致与南非的经贸关系成了欧美这些"白人国家"与非洲有色人种国家一起攻击日本的利器,日本切实的尝到了"名誉白人"这一地位所带来的两边受气的负面作用。而与德国处境的鲜明反差,更证明了"名誉白人"终究只是"名誉"而已。

冷战结束之后,南非"选择"了回归非洲,在南非与欧美蜜月期内,日本与南非的所谓传统友谊得到了较好的延续。国际政坛炙手可热的曼德拉到访日本,似乎让日本看到了与南非传统关系顺利维持下去的可能。然而日本对南非的援助并没有维持长期热情,在祖玛总统任期内,很难说日本与南非之间相处得不错。日南关系的变化,仍深受南非与白人世界关系的影响。南非土地改革问题的本质,是南非与"白人世界"的决裂,日南关系的冷却也并不难理解。对南非在冷战后的转向,日本自身仍在适应中。对日本而言,对南非外交的症结仍旧未变。但从积极面来看,南非不再"白",也为日本摆脱"名誉白人"束缚提供了契机。日南关系显然将何去何从,值得进一步追踪。

结　语

本书将第二次世界大战后日本的对非外交,根据比较重要的几个节点,分为四个阶段进行考察。从每一时期内国际局势以及日本的整体外交战略出发,对于各个时期日本的对非外交进行了各有偏重的梳理、归纳,以期描绘出日本对非外交的行为模式。

战后至第一次石油危机前这一时期内,重点考察的是在战后各种多边国际会议中,日本对非洲外交的开展,这是因为战后日本非洲意识的酝酿与行为模式的形成是从多边国际会议开启的。譬如旧金山和会、万隆会议、苏伊士运河危机会议、联合国系列会议等国际会议,为日本的非洲外交提供了舞台。对于作为战败国的日本而言,当时最重要的外交课题是回归国际社会。在"成为联合国内平等一员""成为西方经济体系内的平等一员"的诉求下,日本与包括非洲在内的亚非集团、欧美等国展开其外交战略,并逐步形成一定模式。

在第一次石油危机的冲击下,日本的外交战略方向转向了为确保能源、资源的"资源外交"。为了确保资源供应,日本外相首次访问非洲大陆,并在一些在国际政治议题上与非洲统一步伐,承诺提供经济援助等,取得了一定成效。

以石油危机所带来的世界经济危机为背景,已经成为经济大国的日本被西方国家要求分担"援助非洲"这一传统的"白人的负担"。在援助非洲的过程中,日本不断与欧美进行博弈,并尝试主导非洲开发问题。

从20世纪80年代起,经济上已经成为日、美、欧三极之一的日本,开始摸索成为政治大国之路。随着冷战的结束,日本虽然遭受经济泡沫的打击,但经济仍具世界前茅,成为政治大国的诉求反而更为强烈。成为联合国安理会常任理事国,理所当然地作为日本的重要外交课题而展开。此时日本对非外交的首要目的,不言而喻是争取非洲的选票。日本在这方面做了大量工作,但最终未获成功。

2005年的"入常"失败,使日本再次调整其外交战略。但日本并没有放弃成为安理会常任理事国的国家目标,这方面仍然需要非洲的支持。同时,非洲的资源、市场等对于急需走出泡沫经济阴影的日本而言也具有吸引力。但随着中国的崛起,日本的对非外交针对中国的意味增强,主要表现在加大了对非洲安全事务的参与度,如吉布提自卫队海外基地的建立等。

本书探讨的另一问题是日本对非外交中所反映的国家身份问题,这从冷战时期日本与南非的外交中清晰可见。战后,日本接触到的是实行种族隔离制度的南非白人政府,双方关系的起点是旧金山和会,当时日本是寻求国际承认的一方,希望得到南非对自身的认可。当非洲国家接二连三独立时,南非被视为非洲"公敌",日益受到国际孤立。而彼时的日本,正在寻求非洲各国对自身的承认,争取选票支持来谋求推动联合国宪章修改。

日本与南非的经贸关系在欧美所构筑的保护伞下得到发展。第一次石油危机爆发后,起初为了确保以能源为主的资源供应,日本少有的重视起了非洲各国,也正是出于对石油危机的应对,日本的产业结构发生调整,使得日本对资源中的稀有金属越发依赖,这又进一步推进了日本与南非的关系。而为了稳定南非周边局势,在西方阵营集体陷入经济危机的时候,日本开始分担援助南非周边各国的责任。最终,又是在欧美的压力下,此前一直采取追随欧美,对南非进行制裁的日本不得已,对南非实施了制裁。而在冷战结束前最后的这一轮制裁中,由于日本制裁不力,所以不仅受到非洲各国的谴责,还被同一集团内的欧美"敲打",日本深刻地体会到了自己身份的尴尬。

自明治维新以来,日本一直"居于亚洲却谋求欧美身份"。对日本而言,实质上战后回归国际社会是作为"亲美"国家回归"自由民主阵营"。从经济而言,日本高于亚洲其他国家,与欧美更具有"同质性"。日本认为自己属于欧美所构成的集团之内,加上日美同盟的存在,使得日本的外交在战后整体上呈现出这样一种构图:欧美→日本→亚洲。

然而在地理上日本无疑又是亚洲一员,战后其参与到第一届亚非会议中,并由此加入了联合国中的亚非集团,而亚非集团成了日本与非洲最主要的接触场所。这就形成一个基本构图:日本→亚洲→非洲,即日本与非洲同属"亚非集团",同时日本对非洲的考量又是建立在亚洲的延伸线上。也即日本是否认同与非洲同属一个集团,关键在于日本是否认同自己属于"亚洲"。实际上日本自己从未真正归属过亚非集团,而始终是通过欧美的视角看非洲。日本以"白人集团"一员的身份自居,并以此为基础确定对非外交战略。

国家身份是需要同一集团中的国家彼此认可的,从经济发展水平出发,欧美认可日本属于自身集团之内;但同时却又以日本与集团内其他成员所存在着明显的"异质性"为由,拒绝承认日本为集团内的平等一员。

日本的"异质性"并非完全没有"价值"。比如,在冷战时期,当欧美国家与非洲国家对立日益加深时,日本作为集团内部唯一的有色人种国家就显得极有价值。日本可以起到团结那些对欧美不满的非洲国家,防止其彻底倒向苏联阵营。但是更多情况下,欧美将日本的某些"异质性"视为问题,使日本的"身份"十分尴尬。这种身份上的尴尬也束缚着日本外交的开展。

对于日本而言,存在着两种可能:或者摆脱这一身份,摆脱非洲以外"第三方"的束缚,将"非洲"这一真正的客体放在应有的位置进行考虑,确立一个坚定不移的目标去贯彻;或者囿于这一身份中继续在欧美的压力下改善自己的境遇,这将决定未来日本的非洲外交战略能否成功实施。

鉴于"铁打的官僚流水的首相",外务省的官僚们对于日本外交具有某种主导作用,尤其是对之前经济联系淡薄的非洲,更类似外务省的"专管事项"。因此本书的分析,以外务省的行为为主。本书未涉及日本国内其他行为体对日本开展对非外交的影响,此乃本书的一大不足与遗憾。

首先,在日本外交的决策过程中,存在着"政官财"的三角构造,也即政府与财界为达成外交目标而紧密合作。而事实上日本的大量财富集中于民间部门,日本政府在财政上受到很大的制约。从冷战至今日本与非洲的经贸关系来看,确实"对撒哈拉以南非洲的贸易投资,与日本政府的非洲政策毫无关联,而是按照日本经济的发展历史变化至今"[①]。日本能否进一步开展对非洲的外交,能否赢取非洲的支持,很大一部分取决于日本的企业界即"财界"是否支持。贸易、民间直接投资在增进与对象国家友好合作关系的时候,起着重要作用。

日本的综合商社具有卓越的组织能力,加上雄厚的资金,运用得当,将会是日本开展对非外交的一大助力。总之,日本的"财界"会如何影响日本政府的非洲外交走向,需要进一步考察。

其次,虽然日本政局不稳,但是官僚系统比较稳定,对于日本的外交走向,尤其是对非洲这一关系淡薄地区的外交,官僚系统

---

① 岡田茂樹.日本とサブサハラ・アフリカとの貿易・投資.2007.http://www.ide.go.jp/Japanese/Publish/Download/Kidou/pdf/2007_03_03_5_okada_j.pdf.

仍将发挥很大的作用。日本的外交政策本身,是各省厅的协调产物。冷战时期,外务省与通产省、大藏省在对非外交上存在着各种对立,一度被媒体所曝光。冷战结束后,日本的官僚系统也进行了改革,各省厅之间如何进行新的合作,其会对日本的对非外交产生怎样的影响,同样值得注意。

最后,日本在非洲发展中最大的贡献在于对非洲农业的开发。之所以能得到较好的成效,离不开那些无私奉献的日本普通民众。而这种民间层次的友好行为,恰恰弥补了日本官方行为的不足。日本官方也认识到了民间团体在对非外交中的作用,欢迎它们参与东京非洲发展论坛。而民间团体这一脱离原有"政官财"结构的新的行为体,能否影响日本的外交决策机制,是否能给日本的非洲外交带来新的气象?这些问题都值得研究。

此外,日本并不希望在集团内永远处于一种不平等的状态,曾经试图以强大的经济实力让欧美接受自身的"异质性",建立起彼此真正平等的国家关系。但是,即便是在日本经济最为强大的时候,日本也并未取得在集团内的平等地位;而当日本最为倚重的经济也不再足够强大时,日本又该如何对应,这对其非洲外交又会产生怎样的影响?关于这一问题的结论,一方面取决于未来日本的实践,同时也与人们怎样认识这一问题密切相关。在本书所做探讨的延长线上,应该而且能够形成共识。因为从战后的日非关系中,不仅可以观照战后国际政治生动而丰富的内涵,也可以提供思考包括上述日本—欧美—非洲多边关系的人类未来发展的巨大空间。

参考文献

一、中文参考文献

[1] 彼得·卡赞斯坦主编.国家安全的文化[M].北京:北京大学出版社,2008.

[2] 亚历山大·温特.国际政治的社会理论[M].上海:上海人民出版社,2008.

[3] 汉斯·摩根索.国家间政治:寻求权力与和平的斗争[M].北京:北京大学出版社,2005.

[4] 玛莎·费丽莫.国际社会中的国家利益[M].杭州:浙江人民出版社,2001.

[5] 彼得·卡赞斯坦.文化规范与国家安全:战后日本警察与自卫队[M].北京:新华出版社,2002.

[6] 沃尔夫.权力与正义:国际关系学导论[M].北京:华夏出版社,1990.

[7] 倪世雄等.当代西方国际关系理论[M].上海:复旦大学出版社,2001.

[8] 马丁·梅雷迪思.非洲国 五十年独立史[M].北京:世界知识出版社,2011.

[9] 莱因哈特·德里弗特.愿望与现实——日本争当联合国安理会常任理事国的历程[M].上海:东方出版社,2002.

[10] 顾学明著,李光辉编.大国对非洲经贸战略研究[M].北京:

中国商务出版社,2011.
- [11] 潘兴明.南非：非洲大陆的领头羊 南非实力地位及综合影响力评析[M].上海：上海人民出版社,2012.
- [12] 张宏明主编.非洲黄皮书 2012：非洲发展报告 No.14(2011—2012)：新世纪中非合作关系的回顾与展望[M].北京：社会科学文献出版社,2012.
- [13] 金熙德.日美基轴与经济外交—日外交的转型[M].北京：中国社会科学出版,1998.
- [14] 李寒梅等.21 世纪日本的国家战略[M].北京：社会科学文献出版社,2000.
- [15] 廉德瑰."大国"日本与中日关系[M].上海：上海世纪出版集团,2010.
- [16] 斯德哥尔摩国际和平研究所编.SIPRI 年鉴 2007：军备、裁军与国际安全[M].北京：世界知识出版社,2008.
- [17] 丹比萨·莫约.援助的死亡[M].北京：世界知识出版社,2010.
- [18] 青木一能.缺乏战略性的日本外交与非洲.中国非洲研究评论(2011)[M].北京：北京大学出版社,2012.
- [19] 罗建波.冷战后日本对非洲政策的调整变化[J].国际观察,2003(1).
- [20] 李安山.东京非洲发展国际会议与日本援助非洲政策[J].西亚非洲,2008(5).
- [21] 韩天新.由日本走入非洲看其政治大国路线[J].日本研究,2001(3).
- [22] 曾强,余文胜.冷战后日本对非洲政策的调整变化[J].国际资料信息,2000(8).
- [23] 钟伟云.日本对非援助的战略图谋[J].西亚非洲,2001(6).
- [24] 熊志勇.发达国家援助非洲的方式——以坦桑尼亚为例[J].

西亚非洲,2003(6).
- [25] 吴波.日本对非洲官方发展援助战略[J].西亚非洲,2004(5).
- [26] 贾淑荣.日本与南非经贸关系的发展及特点[J].西亚非洲,2006(双月刊).
- [27] 张海冰.21世纪初日本对非洲官方发展援助政策评析[J].世界经济研究,2008(10).
- [28] 杨恕,张茂春."争常"失败后日本与印度的非洲政策比较[J].西亚非洲,2008(11).
- [29] 白如纯,吕耀东.日本对非洲政策的演变与发展——以非洲发展国际会议为视点[J].日本学刊,2008(5).
- [30] 王金波.日本对非援助战略研究[J].国际经济合作,2011(2).
- [31] 熊淳.日本对非洲外援政策的历史演变探析[J].日本研究,2011(4).
- [32] 王平.日本对非政府开发援助述评:外交战略的视角[J].外交评论(外交学院学报),2012.
- [33] 王莺莺.对非洲形势与国际地位的再认识[J].国际问题研究,2006(6).
- [34] 周玉渊.从东南亚到非洲:日本对外援助的政治经济学[J].当代亚太,2010(3).
- [35] 天儿慧.亚洲的民族主义和区域主义[J].世界经济与政治,2008(6).

二、外文参考文献

- [36] Richard J. Payne, 1987, Japan's South Africa Policy: Political Rhetoric And Economic Realitics, *African Affairs*, Vol. 86. No.343.
- [37] Mamphela. Ramphele and Francis. Wilson, 1988, Children on the Frontline: The Impact of Apartheid, Destabilization and

Warfare on the Children in Southern and South Africa, UNICEF (United Nations Chilere's Fund).

[38] William Bloom, 1990, Personal Identity, National Identity and International Relations, New York: Cambridge University Press.

[39] Alexander Wendt, 1994, Collective Identity Formation and the International State, *American Political Science Review*, Vol.88, No.2.

[40] Kweku Ampiah, 1997, The Dynamics of Japan's Relations with Africa, South Africa, Tanzania and Nigeria, London & New York: Routledge.

[41] John Ruggie, 1998, Constructing the World Policy: Essays on International Institution, New York: Routledge.

[42] Paul A. Kowert, 1999, National Identity: Inside and Out, in Glenn Chafetzs, Michael Spirtas and Benjamin Frankel, eds., The Origin of National Interests, Frank CASS Publishers.

[43] Scarlett Cornelissen, 2004, "Japan – Africa Relations : Patterns and Prospects", in Ian Taylor & Paul Williams eds, Africa in International Politics: External Involvement on the Continent, New York: Routledge.

[44] Makoto Sato, 2005, Japan's Aid Diplomacy in Africa: A Historical Analysis, *Ritsumeikan Annual Review of International Studies*, Vol.4.

[45] Howard Lehman, 2005, Japan's foreign aid policy to Africa since the Tokyo Inter national Conference on African Development, *Pacific Affairs*, Vol.178, No.13.

[46] Dennis D. Trinidad, 2007, Japan's ODA at the Crossroads: Disbursement Patterns of Japan's Development Assistance to

Southeast Asia, *Asian Perspective*, Vol.131, No.12.
[47] Elizabeth. Donnelly, 2008, The Tokyo International Conference on African Development: Something Old, Something New?, AFP-BN108.
[48] John P. Tuman, Jonathan R. Strand, and Craig F. Emmert, 2009, The Disbursement Pattern of Japanese Foreign Aid: A Reappraisal, *Journal of East Asian Studies*, No.19.
[49] Myriam Dahman Saidi and Cristina Wolf, 2011, Recalibrating Development Cooperation: How Can African Countries Benefit from Emerging Partners?, OECD Development Centre, Working Paper 30.
[50] George Morgan, 1955, Counselor of Embassy in Japan to Richard Finn, Officer in Charge, Japan Affairs, Department of State, Lot File, 58-D-118.
[51] Memorandum of Coversation, 1955, Department of State File: Afro-Asian Conference, January 10, 1955, FRUS, 1955-1957, Vol.21.
[52] UNPD, 1989, Compendium of Approved Projects as of 31 December 1988, Table 4.
[53] BP, 2006, Statistical Review of World Energy, June 2006.
[54] 森川純.日本のアフリカ外交—その構造・軌跡・課題—.国際政治[J].2000(1).
[55] 林雄二郎.日本と南北問題に関する一考察.国際問題[J].1964(3).
[56] 戸堂康之.ODAと日本企業の国際化：日本と被援助国の間にwin-winの関係を築く.国際問題[J].2012(11).
[57] 田中均.国際政治の構造変動と日本.国際問題[J].2009(6).

[58] 佐藤誠.日本のアフリカ外交-歴史にみるその特質.成長するアフリカ-日本と中国の視点.2007.http://www.ide.go.jp/Japanese/Publish/Download/Kidou/2007_03_03.html.

[59] 岡田茂樹.日本とサブサハラ・アフリカとの貿易・投資.2007.http://www.ide.go.jp/Japanese/Publish/Download/Kidou/pdf/2007_03_03_5_okada_j.pdf.

[60] 杉浦功一.日本の「民主化外交」―20世紀90年代以降の日本の民主化支援活動.京都女子大学現代社会研究[J].2009.

[61] 高崎達之助集刊行委員会編.高崎達之助集・下[M].東洋製缶.1965.

[62] 片岡貞治.アフリカ問題と日本.地域研究[M].昭和堂.2009(9).

[63] 石井寛治・海野福寿・中村正則編.近代日本経済史を学ぶ 下[M].有斐閣.1985.

[64] 篠田豊.苦もんするアフリカ[M].岩波書店.1985.

[65] 楠原彰.アパルトヘイトと日本[M].亜紀書店.1988.

[66] 森川純.南アフリカと日本―関係の歴史・構造・課題[M].同文館出版株式会社.1988.

[67] 那須聖.生まれ変わる南アフリカ共和国[M].泰流社.1989.

[68] 小田英郎他編.アフリカの政治と国際関係 アフリカの21世紀第3巻[M].勁草書房.1991.

[69] 川端正久他編.アフリカと日本 アフリカの21世紀第4巻[M].勁草書房.1994.

[70] オアー、ロバート・M.日本の政策決定過程―対外援助と外圧[M].東洋経済新報社.1993.

[71] 林晃史編.南部アフリカ諸国の民主化[M].アジア経済研究所.1993.

[72] 川端正久・佐々木建編.南部アフリカ ポスト・アパルト

ヘイトと日本[M].勁草書房.1994.
[73] 田中義昭.援助という外交[M].朝日新聞社.1995.
[74] 林晃史編.冷戦後の国際社会とアフリカ[M].アジア経済研究所.1996.
[75] 吉田茂.回想十年第一巻[M].中央公論社.1998.
[76] 山室信一.日本外交とアジア主義の交錯.年報政治学1998[M].岩波書店.1999.
[77] 木村昌人.外交.日本史小百科-近代-[M].東京堂出版.1999.
[78] 小田英郎.アフリカを知る辞典[M].平凡社.1999.
[79] 宮城大蔵.バンドン会議と日本のアジア復帰 アメリカとアジアの狭間で[M].株会社草思社.2001.
[80] 服部正也.援助する国、される国―アフリカが成長するために[M].中央公論新社.2001.
[81] 大林稔.アフリカの挑戦―NEPAD(アフリカ開発のための新パートナシップ)[M].昭和堂.2003.
[82] 大芝亮.経済発展と人権・民主化.国際政治経済・入門[M].有斐閣.2003.
[83] 北川勝彦、高橋基樹編.アフリカ経済論[M].ミネルウァ書房.2004.
[84] 天木直人.マンデラの南アフリカアパルトヘイトに挑んだ外交官の手記[M].株式会社展望社.2004.
[85] 五百旗頭真.戦後日本外交史[M].有斐閣.2006.
[86] 北岡伸一.国連の政治力学 日本はどこにいるのか[M].中公新書.2008.
[87] 太平剛.国連開発援助の変容と国際政治[M].有信堂.2008.
[88] 大林稔、石田洋子.アフリカ政策市民白書シリーズ[M].晃洋書房.2005-2008.
[89] 石田洋子.アフリカに見捨てられる日本[M].創成社新

书.2008.

[90] 吉田栄一編.アフリカ開発援助の新課題―アフリカ開発会議と北海道洞爺湖サミット[M].アジア経済研究所.2008.

[91] 伊高浩昭.二〇一〇の南アフリカ[M].長崎出版株式会社.2010.

[92] 神余隆博.多極化世界の日本外交戦略[M].朝日新聞出版.2010.

[93] 峯陽一.南アフリカを知るための60章[M].明石書店.2010.

[94] 白戸圭一.日本人のためのアフリカ入門[M].筑摩書房.2011.

[95] 青木一能.これがアフリカの全貌だ貧しい国が一転、豊かな国へ[M].かんき出版.2011.

[96] 波多野澄雄編.日本の外交第2巻外交史戦後編[M].岩波書店.2013.

[97] 内田孟男.国際機構論[M].ミネルヴァ書房.2013.

[98] 外務省.日本戦略外交の死角―アフリカ.外交[J].2013.

[99] アフリカ協会.月刊アフリカ第23巻第12号.1983.

[100] 世界.講和問題の論点[J].世界.岩波書.1950.

[101] 国際協力事業団.アフリカ援助研究会報告書.1991(2).

[102] 日本貿易振興会.海外市場白書――九六二版.1962(1).

[103] 海外事情調査所.アフリカ要覧[M].日刊労働通信社.1962.

[104] 経済団体連合会.対南アフリカ共和国貿易姿勢について.経団連週報1871号[J].1987.

[105] 海外経済協力基金.世界銀行の構造調整アプローチの問題点について.基金調査季報73号[J].1992.

[106] 通商産業省.経済協力の現状と問題点1986年版.

[107] 通商産業省.経済協力の現状と問題点1993年版.

[108] 通商産業政策史編纂委員会編.通商産業政策史第六巻[M].通商産業調査会.2012.
[109] 外務省.わが外交の近況(外交青書)1967年版.
[110] 外務省.わが外交の近況(外交青書)1969年版.
[111] 外務省.わが外交の近況(外交青書)1975年版.
[112] 外務省.わが外交の近況(外交青書)1980年版.
[113] 外務省.わが外交の近況(外交青書)1985年版.
[114] 外務省.外交青書2003版.
[115] 外務省.外交青書2004版.
[116] 外務省.外交青書2006版.
[117] 外務省.外交青書2012版.
[118] 外務省経済協力局編.我が国の政府開発援助1987年版.
[119] 外務省経済協力局編.我が国の政府開発援助1992年版.
[120] 外務省経済協力局編.我が国の政府開発援助1993年版.
[121] 外務省.政府開発援助(ODA)白書2006年版.
[122] 外務省.政府開発援助(ODA)白書2012年版.
[123] 外務省.パンフレット人間の安全保障基金2007年.
[124] 外務省中近東アフリカ局・経済協力局経済協力国別資料.タンザニア改訂版1980年版.
[125] 外務省アジア局第一課.1955.アジア・アフリカ会議に関する資料(一一).外務省外交記録文書,B'0049.
[126] 大隈在シカゴ総領事から重光外相.1955.アジア・アフリカ会議に関する駐米インド大使の談話に関する件、1955年3月12日,外務省外交記録文書,B'0050.
[127] 外務省アジア局第一課.1955.アジア・アフリカ会議経過白書.外務省外交記録文書,B'0049.
[128] 国協一課岡崎事務官.1957.国際連におけるアジア・アフリカグループ関係一件.1957年2月15日,外務省外交記

录文书,B' 2006.

[129] 在象牙海岸藤臨時代理大使.1965.OCAM 諸国のAA会議参加取り止め(意見具申).外務省外交記録文書.2009 - 0683.

[130] 外務省中近東アフリカ局.1965.第二回 AA 会議に対するアフリカ諸国(サハラ以南)の態度について(AA 会議準備用メモ).外務省外交記録文書.2009 - 0683.

[131] AA 準備事務局.1965.第 2 回 AA 会議をめぐっての我が国及び同系諸国の動き.外務省外交記録文書.2009 - 0683.

[132] AA 準備事務局.1965.第 2 回 AA 会議開催延期と参加各国への影響.外務省外交記録文書.2009 - 0683.

[133] 鶴岡大使.1967.鶴岡発電報信第二〇五号、外務省外交記録文書.2010 - 1101.

[134] 外務省中近東アフリカ局.1969.アフリカ問題に関する日米意見交換会議議事要録.外務省外交記録文書.2009 - 0683.

[135] 外務省中近東アフリカ局.1992.アフリカ大使会議(平成 4 年度).外務省外交記録文書.2008 - 0151.

[136] 外務省中近東アフリカ局.1994.アフリカ大使会議(平成 6 年度).外務省外交記録文書.2008 - 0151.

三、网站

[137] 日本外务省相关 ODA 数据、非洲发展论坛内容:http://www.mofa.go.jp/mofaj/gaiko/oda/shiryo/index.html. http://www.mofa.go.jp/mofaj/gaiko/oda/date/gaiyou/odaproject/africa/index.html. http://www.mofa.go.jp/mofaj/area/africa.html. http://www.mofa.go.jp/mofaj/area/ticad/index.html.

[138] 日本国国会:http://kokkai.ndl.go.jp/.

[139] 日本朝日新闻:http://database.asahi.com/library2/.

[140] 日本读卖新闻: https://database.yomiuri.co.jp/rekishikan/.

[141] OECD/DAC 数据: http://www.oecd.org/dataoecd/50/15/5037782.html.

[142] 商务部官方网站: http://www.mofcom.gov.cn/.

后　记

　　曾经，在夏季来临之时，总会送别一批学生。那时还在做老师的自己，一直反复着那么几句鼓励的话语："不要害怕尝试，做一些自己想做的事情。因为你们还年轻，一切都可以重来。"说多了，自己也信了。于是，在青春的尾端，在父母的支持下，辞去工作，转换专业，走进复旦，重新做起了学生。在3年后的夏季，人生最后一次毕业，告别复旦，重新进入社会。从此没了寒暑假，却可以自豪地说一句："我正过着我要的生活。"

　　又是一年夏天，3年博士生涯的成果终于要付梓出版。于是，关于在复旦的种种记忆便一下子涌上心头。回顾在复旦的三年，真是"痛并快乐着"这句话的最佳写照。虽然在入学前作了一定的努力，入学后发现自身对专业知识的积累还不够充分。第一年，大量时间被用于补充专业知识。上课、阅读。一年内所阅读的专业书籍甚至超过之前4年所阅读的各种书籍的总和。而能够系统阅读并比较顺利地消化掉所阅读的书籍，离不开校内众多优秀教师的指引与鼓励，也离不开班上同学的帮助。可以说我在每一节课上都获益良多。学习的过程是痛苦的，但能学自己想学的又是幸福的，而在有所领悟之时更是极其快乐的。

　　在撰写论文之前，总体而言，复旦的生活，快乐大于痛苦。而毕业论文的写作绝对是一次"蜕皮"的历程。从开题开始便惶惶不可终日。选择了一个少有人涉及的题目，意味着参考资料的匮乏,也意味着文章可能因此而无法成型。在担心中开始了长达半年的资料搜集、整理。终于积攒起一定资料、开始书写时,时间又紧迫起来。而在写作过程中,无数次走入死胡同,夜不能寐。记不清有多少日不知太阳何时而升,也不知夜晚几时到来;有多少张膏药贴于肩膀之上,有多少袋咖啡终于口腹之中。但在周而复始的焦躁、平静中初稿逐渐堆砌而成。在一次次与导师、同学的探讨中,论文得以修正,并最终顺利通过。而正因为过程如同蜕皮般缓慢而痛苦,在论文通过之时,才能感受到那种无与伦比之"乐"。

我属于"半途出家",进入论文阶段后,知识体系的不足更加明显。之所以能够比较顺利地按时完成论文,离不开老师和同学的帮助。从选题开始,导师一直尊重我的个人意愿,给予我极大的学术自由。在论文撰写途中,在导师推荐下,有幸前往日本京都大学,搜集必需的资料。导师本以为我会延期,所以在收到我在日本半年间所写出的初稿时,颇为惊讶。此时,导师自己也在申请重大课题的冲刺阶段,但他仍尽其所能抽出时间对我进行指导,使我最终得以按时毕业。我仍记得他苍白的脸上满是疲倦,对我苦笑:"谁不熬夜啊?"

选题,是师兄启发的,从理论框架到研究方法,都是在与同学们的无数次探讨中逐步摸索而出的。同学们大多比我年纪小,却非常有耐心地与我进行各种讨论,给予了我无数灵感,指出我的思维困境,帮助我厘清思路。也正是同学们的鼓励,使得我没有半途而废,也没有泄气拖延。我永远不会忘记室友坐在床上,膝盖上摆着手提电脑,帮助我一段一段修改标题,也永远记得关在寝室冲刺的那些日子,室友的投喂之恩。

我还记得在我人生最低谷的那个新年,接到了曾经的任课老师——徐老师的电话,问我是否安好。而樊老师,从不告诉我他为我做了什么,总是在多年后,从别人的嘴里才得以知晓。因为有这样的老师和同学,复旦留给我的记忆永远是美好的。所以,感谢复旦。感谢那无数双手,或是在背后推着我,或是在前方拉着我,帮助我一步步向前,让我无惧于前方的未知。

从一个学日语的学生到一个搞日本研究的社会科学工作者,一转眼,快20年。我想还是有必要感谢一下刚刚过世的强尼桑与堂本光一先生。被调剂进日语系的我,还好追了个星,总算能全身心投入专业学习,还折腾着去交换留了个学,人生轨道大致就此定下。更因此收获了人生最重要的一段友情。时至今日,也还有脱离安逸,接受新挑战的勇气。

最后,感谢父母,仍愿意支持我的选择。我是如此幸运,能够生为你们的女儿。感谢我的硕士导师季林根教授,我是如此幸运,能成为你的学生。

王 盈

淮海中路622弄

2019年7月23日

图书在版编目(CIP)数据

第二次世界大战后日本的非洲外交研究 / 王盈著.—
上海：上海社会科学院出版社，2019
 ISBN 978-7-5520-2941-3

Ⅰ.①第… Ⅱ.①王… Ⅲ.①外交关系—研究—日本、非洲—现代 Ⅳ.①D831.32②D840.2

中国版本图书馆CIP数据核字(2019)第221058号

第二次世界大战后日本的非洲外交研究

著　　者：王　盈
责任编辑：霍　覃
封面设计：黄婧昉
出版发行：上海社会科学院出版社
　　　　　上海顺昌路622号　邮编200025
　　　　　电话总机021-63315947　销售热线021-53063735
　　　　　http://www.sassp.org.cn　E-mail:sassp@sassp.cn
排　　版：南京展望文化发展有限公司
印　　刷：上海巅辉印刷厂
开　　本：870×1240毫米　1/32开
印　　张：7.5
字　　数：178千字
版　　次：2019年9月第1版　2019年9月第1次印刷

ISBN 978-7-5520-2941-3/D·554　　　　　定价：48.00元

版权所有　翻印必究